U0905332

他不仅仅是一个魔术师，他还是一本魔术活字典，
他更是一个热情、无惧、真诚、自信的时尚达人！

WITNESS
THE
LEGENDARY
LIFE

见证奇迹的人生

潮人魔术师刘谦
首部励志自传

见证奇迹的人生

Louis Liu

目录 Contents

WITNESS THE LEGENDARY LIFE

见证奇迹的人生

WITNESS THE LEGENDARY LIFE

用魔术掌握成功的秘诀

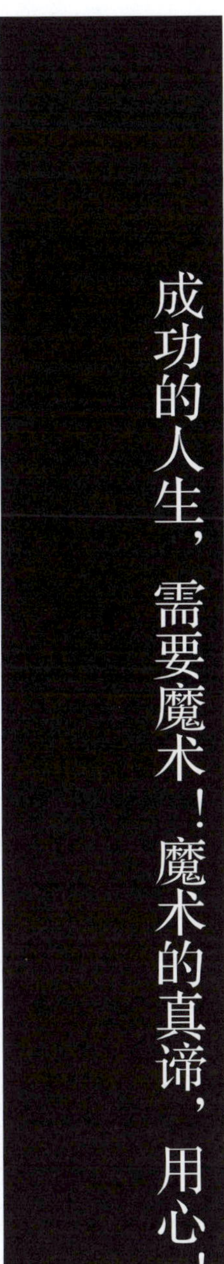
成功的人生，需要魔术！魔术的真谛，用心！

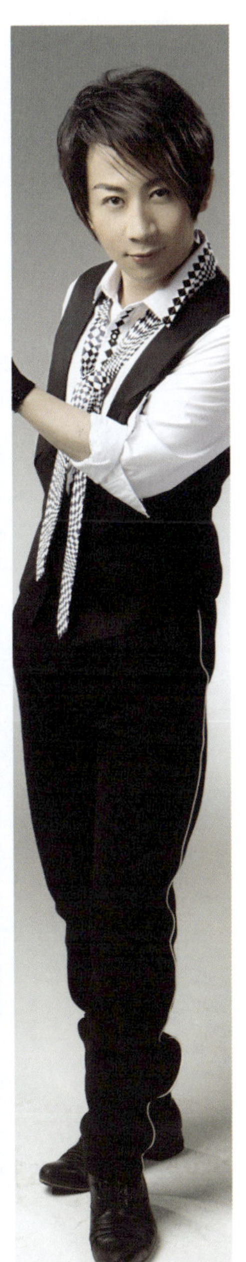

谦谦之道一

魔术的存在成就了一个不平凡的人生，
不平凡的人生处处存在魔术，
永远有无限的可能性！

第一章
一切皆有可能

EVERYTHING IS POSSIBLE!

1 巨蟹座的孩子

从小我就是一个自闭的孩子，我出生于6月25日，巨蟹座的孩子大都纤细敏感，富于幻想，他们对自己感兴趣的东西，往往先是退到一边，装作漠不关心的样子，然后趁人都忽略的时候，再迅速而猛烈地扑上去。

如今我在舞台上算是比较如鱼得水，人们都说我活泼开朗，可小时候，我非常孤独而内向。

小时候，我就是一个宅男，迷恋于各式各样的一个人的游戏，不知道这是不是独生子女的一个通病吧。

那时候，最大的乐趣是看书。

我有一个小书柜，里面塞满了各种各样的书籍，大多是童话故事什么的，这些书陪我走过了寂寞的童年，我是独生子，那时候就一边看书，一边看着冬天的阳光斜斜地照射在睡房里，幻想自己有一个弟弟，可以和他谈话，游戏，对他说出自己的愿望等。

现在回过头来想一想，凭空地就给自己臆想出来一个对手，一个虚无的大活人变戏法一样地就存在了眼前，并且自己能够很坚定“他”就是真实的。这种童年，真是欢乐得令人不寒而栗啊。

书看多了，发现大概都是这样的番石榴剧情：善良的主角(无论男女年龄身份地位)为了追寻一个很有意义的目标，通过了一连串的考验(通常有三个关卡)，在九死一生困难重重的艰苦历练之中，凭着勇气与智慧，克服了所有的障碍，重要的是，最后的关卡往往是“人性”的考验，而善良的主角此时必定流露出自己善良的本性，感动了设下关卡的人(或是神)，最后终于圆满地达到目标，从此过着幸福快乐的日子。

为什么故事要这样写，倒也容易理解，因为写故事的人希望阅读的小朋友能够在故事之中学会坚忍不拔的精神，为了达到目标付出努力，更重要的是，好人才会有好报。所以你会在这些故事中看到，那些耍诈又耍贱，为了成功不择手段的甘草配角，到最后一定会被神仙以心地不善良的理由惩罚，好一点的下场是达不到目标而后悔莫及，惨一点的不是变成畜生就是死掉。总之，好人最大，坏人该死。

不过毕竟，这些书是给小孩子看的。在我小时候，倒也真的相信书上所写的，只要有着善良的本性，最后一定可以享受到成功甜美的果实。不过随着我“弟弟”在我的生活中渐渐淡出，我开始了解到真实的世界并不是这么一回事——一切皆有可能。

魔术就不一定是给小孩子看的了，魔术很多时候是给成年人看的，它让人在长大以后慢慢再找寻回童年时对一切存在新鲜感的自我。也让人们在得知了魔术是假象之后明白了，生活并非想象，甚至并非亲眼目睹。

生活是一个天然的魔术舞台，而你，就是天生的魔术师。

2 我的第一个老师

为什么我的“弟弟”会在我生活中渐渐淡出呢？因为7岁那年，我发现了另一样真实的东西——魔术。

或者也不能说是真实的，只是相对于“弟弟”来说，它是活生生地存在的东西。

我始终认为，魔术不一定是给小孩子看的，魔术很多时候是给成年人看的，它让人在长大以后慢慢再找寻回童年时对一切存在新鲜感的自我。也让人们在得知了魔术是假象之后明白了，生活并非想象，甚至并非亲眼目睹。

第一次在电视节目中看到魔术，就是一个美女在舞台上飘过那种，人飞了起来，我当时觉得太不可思议了。看完，我就拿出很多线，把邻居女孩绑起来，想吊在空中取得电视里的效果。当然，失败了。

7岁那年，有一次，我的阿姨带着我出门逛街，当我们在百货公司漫无目的地闲逛时，我突然被某样东西吸引，怎么也不肯再移动一下，原来是专柜导购的店员正在表演魔术，当时，我看到他拿出一枚硬币放进小盒子里，再将小盒子用手帕包起来，然后，神奇的事情发生了，被困在盒子里的硬币，居然可以穿过盒子、手帕，跑到他的手里！

这究竟是怎么回事？我百思不得其解！

虽然表演很精彩，看的人也很多，但是大家都抱着看热闹的心态，看过了就走了，我记得人换了一拨又一拨，大概只有我，一个7岁的小男孩，还呆呆地站在那里，我怎么也弄不明白，钱是从哪里变出来的，越弄不明白越想弄明白，就一直站在那里看下去。直到后来阿姨实在忍不住了把我拉回了家。

那天晚上我睡觉的时候，眼前还都是硬币的影子，太神奇了。我就想着我要攒钱把那个道具买下来自己玩。可是，还没等到我的钱攒够，那个百货公司就没了。

又是一个神奇的事情，当然也有着遗憾。我的魔术道具就那样还没到手就人间蒸发了，但是我还一直会在梦里想着那个魔术。

一直到两年后的一天，在另外一家百货公司的专柜，我意外地发现，它又回来了，一模一样地回来了。

哇，我觉得上天对我真的太宠爱了。那天，我站在那个专柜面前，死死地盯着那个盒子，恨不得把它吞到肚子里，好担心它会再次消失。

第二天一放学，我像着了魔一样又往那里跑，继续看昨天那个店员表演，他没认出我来，于是我又看了很久。第三天我再去，他看我的眼神就有点古怪了。到了第四天，他就开口问我说：

“小弟弟，你家大人呢？”我说没大人，我一个人来的。

他说：“哦！这样啊！我注意你很久了，你老往我这里跑，到底要干吗？你想买东西吗？不买就别影响我做生意啰！”

我当时口袋里只有几个硬币，我肯定买不起啦，可是我也不知道是怎么回事，我一向很害怕跟生人说话的，那天却鼓起勇气说：“我想学。”

他愣了一下说：“你是说你想学这个游戏？”注意，他把魔术叫游戏啦。我又点点头。

没想到他真的肯教我了，他耐心地告诉我操作步骤，我也就厚着脸皮在那里练习起来，这一练习，就把很多顾客的眼光吸引来了，店员就趁机做广告，“看啊，小孩子都会，你们还不是一学就会？”

那天还真有人掏钱买下了这个“空中来钱”。

这么一来店员自然是很高兴，我再去的时候，他非但不赶我，还把我拉到柜台里做活广告，渐渐地我跟他混熟了，他也教了我很多，并且告诉我这个游戏其实不用机器也可以操作的，我一听有这样的好事就乐了，买机器我是买不起的，但是不用机器自己用硬币玩，那还不美死。

后来我就手里经常夹着硬币，先是在吃饭、课余时间，后来渐渐发展到上课的时候，我记得那是一节数学课，因为我整天玩硬币，同学们都看到了，那节课上，我玩着硬币，一不小心就掉在地上了，叮当的声音在静静的教室里特别清脆，老师很生气地问："谁？"

下面回答得那叫一个整齐呀——"刘谦的！"

我只好把硬币拣回去，可也不知道是那个老师实在讲课太枯燥，还是小孩子都是容易忘记事情的，没一会我就忘记了刚才的难堪，重新开始练习起来，一不小心硬币又掉下来了。老师发火了："刘谦，又是你，给我拣起来！"

反正那节课到快下课的时候，数学老师就把我口袋里的所有硬币都收

走了。然后少不了是家访，说你家的小孩不专心听讲，是不是有点多动症什么的，我妈妈当时不相信，说哪会呢？我们家孩子很文静的，连话都不说一句。老师走了以后妈妈就问我，是不是真的。

我就说："是真的，不过不是玩。而是练习魔术，我想当一个魔术师。"

妈妈大概觉得我说孩子话，只批评了几句，也没放在心上。后来很多杂志和新闻在报道这一节的时候，都说父母对我"破口大骂"，甚至我遭遇到了"同学的嘲笑，邻居的轻蔑"，这都是言过其实的。

一个孩子的梦想，还不至于掀起这么大的波澜。因为大家都不重视，觉得小孩子嘛，想想而已，再说，魔术师哪有这样好当？

可我当时想的是，我一定能当上的。

多年后我还是执著地相信，敢于想不可能的事，敢于执著地追求自己的理想，富有开拓精神的人也就是走向成功的人。

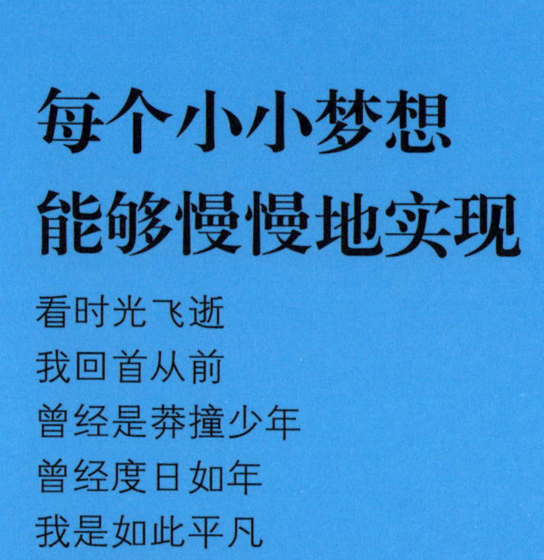

3 每个小小梦想能够慢慢地实现

看时光飞逝
我回首从前
曾经是莽撞少年
曾经度日如年
我是如此平凡
却又如此幸运
我要说声谢谢你
在我生命中的每一天

如果有人问我："你最想感谢的人是谁？"我会说，要感谢的人实在太多了，但，第一个要感谢的，应该是那位店员，这么多年了我已经不记得他的名字，他的面容也已经模糊。但他是我魔术道路上的第一个启蒙老师，虽然当时他并不知道，他这一无心的举动，会改变一个男孩的人生轨迹。

如果有人问我："在你学习魔术的历程中，影响你最深、最重要的一件事是什么？"我一定会双眼望向远方，用低沉感性的嗓音缓缓说道："如果12岁那年没有参加那场比赛，我对魔术的兴趣及热情不可能持续到今天。"

一切要从小学五年级的暑假开始说起。

那时候我因为经常去魔术专柜，已经和那里的人混得很熟，他们就鼓励我参加儿童魔术比赛。

“儿童魔术比赛”是由当时一间叫做“美商吉时洋行”的公司举办的。活动的安排及设计相当专业、盛大，不但邀请了台湾魔术界享誉盛名的王凯富老师担任活动策划及节目总监，还请到当时正在进行世界巡回表演的史上最强魔术师“大卫·科波菲尔（David Copperfield）”担任评委，有名的“陶叔叔”（陶大伟，陶喆的老爸）担任晚会主持人。如此强大的阵容，在当时算是颇为轰动的。

要是你认为：一群小孩子变的魔术，一定都是些简单把戏，有什么好比赛的？那可就大错特错了。这个比赛竞争非常激烈，虽然活动名称里有“儿童”两个字，但只要18岁以下都可以参加，再加上冠军可以得到5万元奖金，因此光是预赛就吸引了台湾约两百多名参赛者。经过一番筛选淘汰，最后只选出7个人进入决赛，可见竞争的激烈程度。

为了让表演更精彩，在决赛前两个月，每个礼拜都有集训课程，在这里我认识了许多同年龄的魔术同仁，也认识了许多未来的知名魔术师。大家每天愉快地玩在一起，非常开心。

决赛是在1988年8月18日圆山饭店的大礼堂举行的，现场人山人海，场面非常盛大。所有参赛者在决赛中

都要表演两套内容，一套是自选的，也就是在两分钟之内要表演什么都可以。我记得我表演了一段相当华丽的舞台魔术，一开场就不断地从空中抓出许多彩色的花朵，然后手中的魔术棒不但变色，还变成两条丝巾，并从丝巾中变出好几把五颜六色的扇子。最后，手中变出白色的蜘蛛丝（就是黄安常表演的那玩意儿）作为结束。

另一套表演节目比较长，而且还要配合故事剧情，这个部分就由节目策划王凯富老师统一安排。他为7个参赛者量身定做，设计了7套不同的表演主题："忆母""环保""作弊""抓小偷""自信""绑票""日行一善"，将魔术表演融合在各种故事中，所以参赛者不但要表演魔术，还要会演戏才行。

这个比赛对我意义很大，因为如果不是当时得奖，我很可能就不会坚持下去。这个比赛，使我在人生当中第一次体会到：只要你努力做一件事就会得到回报。

后来有一些不实的报道，说我7岁获得了魔术比赛的冠军，这是绝对不可能的。

那是12岁。

比赛获奖的选手第三名粘雯雯、第二名郭芯伶。都是漂亮的小女生。

只可惜两位小姐后来没有走这条路。

我记得很清楚，当时我只是喜欢魔术，没想到会得奖。第一次亲眼看到心目中的偶像在我面前，他说："Good job！"

那时候，我才第一次觉得自己魔术弄得不错，至少世界第一的魔术师觉得我做得很好。

2006年，我与当年给我颁奖的大卫·科波菲尔在上海重逢。当时，大卫正在上海演出，受邀到上海一档电视节目接受访问。节目制作单位非常用心，他们知道我跟大卫的这段过去，特别趁我也在上海录制"魔星高照"的空当，安排我跟大卫在节目中相见。

当时，我记得，我一字一句地，用英文对这位国际魔术大师做了一段感性的真情告白："你是我的目标，看到你的成就，使我觉得自己还有很大的成长空间……"

4 千万别太早就摊牌

国外的魔术界流传一句谚语："魔术师的手，必须比观众的眼快。"这根本就是他们用来欺骗外行人的一句话。事实上，手是不可能比眼快的。真正的魔术，是要"欺骗"观众的心理，而不是眼睛。

真正震撼人心的魔术，往往不需要太多困难的技法，甚至不需要很华丽很复杂的道具，就是利用身边可以轻易取得到的物品来表演的，让观众亲眼目睹奇迹在眼前发生。通常只需要表演者的语言、态度、眼神，还有时机的把握就能完成。

魔术不等于魔法，魔术师也不是哈利·波特，魔术和魔术师的魅力并不在于施展魔法后的这个结果，他们的真正魅力在于这个瞬间过程的智力，它是一种密度很高的智力。

实际上，魔术骗的并不是人的眼睛，而是人的心。

就像小时候，我们会相信童话里的美好一样。魔术和书籍在某种程度上是介于一个水平线上的，目的都在于给大家带来快乐，带来希望。

据说，6月25日出生的人，拥有实现梦想的罕见能力。他们成功的原因包括对周遭环境和所处时代的了解，以及具有精准的敏锐度，知道如何切入才会成功。

因此他们不但能融入人群与生活环境当中，而且也大多能够掌握眼前的机会。

在这里，我认为，这个分析很有深度，因为我打心眼里就觉得，凡事，一切皆有可能！

巨蟹座的最大特征便是对奇异事物的感知能力强，喜欢生活在旖旎的幻想中，颇有些放幻梦于海浪，寄情思于蓝天的意境。

这也使得他们会常常深入到电影、小说或各种表演的意境中，慢慢地咀嚼和回味，融入其中……

当那些美妙的幻想时时萦绕在脑海中挥之不去时，巨蟹座的人便会准备付诸行动，更甚至当那些幻想刚刚形成时他们便时刻准备着实施方案，只是敏感的个性会阻止他们冲动行事，不让他们做没把握的事。而一旦行动起来，他们的天赋便会在幻想创作上一发不可收拾。

和大多数巨蟹座的人一样，我喜欢

通过自己扮演的角色，从中去确认自身的价值和寻找所需要的自信心。

所以，我喜欢表演魔术，更喜欢看到观众观看魔术时脸上那种惊讶的表情，那种表情，才是我最大的成就感和收获。于我而言，别人的认同和喜欢，就是我最快乐的事情。

但作为魔术师，我并不快乐，或许你会觉得这很矛盾，其实这只是巨蟹座本质特性的自然反应。因为幻想而对魔术产生了兴趣，可当越来越熟识各种魔术伎俩时，那种对魔术的神奇幻想也会荡然无存。

所以，当我写这本书时，我想说，我现在最感兴趣的不是如何表演出让人看不懂的魔术，而是看其他魔术师表演让我看不懂的魔术。

因为我觉得魔术师表演魔术，给观众带来新奇感，其实是带给大家一种回到童年的感觉，让大家用另一种眼光看待自己身边的事物。

现在能让我们体验神奇心情的机会已经很少了。因此，我会希望观众看魔术表演时，能珍惜那种观赏电影一样的感觉，而不是挖空心思地解密魔术。

每个人都曾有过纯真的梦和新奇的幻想，可随着年龄的慢慢增长，这些正渐渐失去或已经失去。

人生是永不停止的猜谜游戏，千万别太早就摊牌!

有些事我们不必看得那么清楚，若把人生处处解密，岂不活得太累、太无趣?

这是一个谎言也能成为真理的世界。

地球上到底存在几个并行的空间呢？这个问题应该困扰了很多人，也许就只有我们生活的这一个，也许在我们伸出手的时候就会不经意地启开了另一个空间的大门，所谓的隐身术，可能也是由此而来吧。

比如说，位于北大西洋，由佛罗里达、波多黎各及百慕大群岛所组成的三角地带，总是有很多飞机和船只神秘失踪，就有很多人怀疑那个地方就是另一个空间的出入口。

后来，这个地方就成为了神秘的“百慕大三角”。

再后来，一切没有预兆莫名其妙消失掉的东西，就会被归结成了“百慕大三角”事件。当然，也有很多人并不能明白这两者有什么关系。

比如说，有人的笔丢了，你告诉他说，他的笔可能进入另一个空间了，如同“百慕大三角”事件，他会觉得那是很荒谬的一件事情，他不过是丢了一支笔，怎么会扯出这么多复杂的缘由。

其实，这是很容易就能解释的一件事情，请先在一张纸上画一个三角形，也就是所谓的另一个空间的入口，然后假设你手上的那支笔是经过这个区域的飞机，当飞机经过三角地带的时候……

实物能否神秘地消失在虚拟图形？

别摇头，答案是OK的。

笔消失了，他已经彻底相信了你，他的笔确实是进入了另一个空间。这是一个多么神奇的过程，原来，人的心理很容易就会被征服，即便是最荒谬的理由，如果有一个亲眼目睹的过程，他就会毫不怀疑地想当然了。

其实，有的时候，真相才是最不容易被看到的。

Panorama of Magic

接下来，你即将看到的就是可能随时会在你眼前发生，令人毛骨悚然的神秘事件精彩回放——

场景：室内

道具：两支附带笔帽的原子笔，几根橡皮筋，1张约A4大小的纸，外套。

准备：

1、其中一支笔，只需要用它的笔帽，将笔帽用几根橡皮筋连环套一样地连结起来。

2、将橡皮筋绑在长裤右后方的皮带环上。

3、将另一支原子笔放进任何一个口袋中。

4、穿上外套，遮住后面的笔帽，随时准备拉响神秘事件开始的警报。

【接下来，奇迹即将开始——】

镜头一：拿出纸和笔，将笔帽拔下，放进裤子右后方的口袋。

镜头二：在纸上认真地画一个三角形。

镜头三：手伸到裤子右后方拿笔帽，但此时拿的是连有橡皮筋的笔帽。（看者会以为是刚才放进口袋的笔帽。）

镜头四：将笔帽缓缓地拿到身体的前方，注意不要让橡皮筋露出来，橡皮筋的轨迹是隐藏在外套里的，和手臂成平行。

镜头五：将此笔帽套在原子笔上。

镜头六：拿期桌上的纸，三角形朝向自己。

镜头七：用纸遮住原子笔的前方，右手松开，笔将会被橡皮筋自动拉入外套中。

镜头八：将纸拿开，展示笔消失了。

特别提示：

1、从头到尾，最好能够卷起袖子来表演，因为很多人都会怀疑笔被藏进袖子里了。

2、橡皮筋可以自行调整为适合自己的长度。

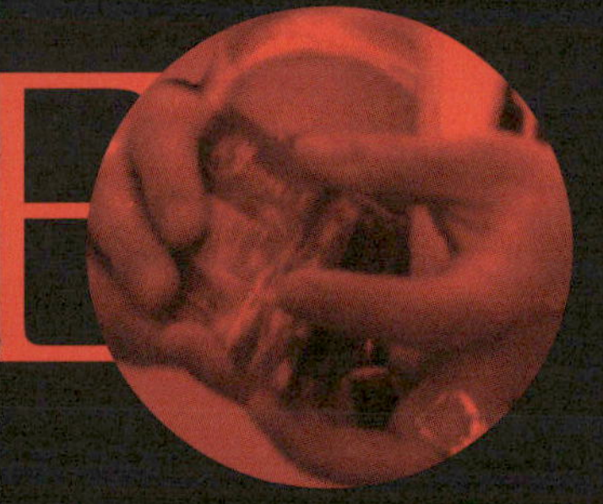

第二章
天然的魔术舞台

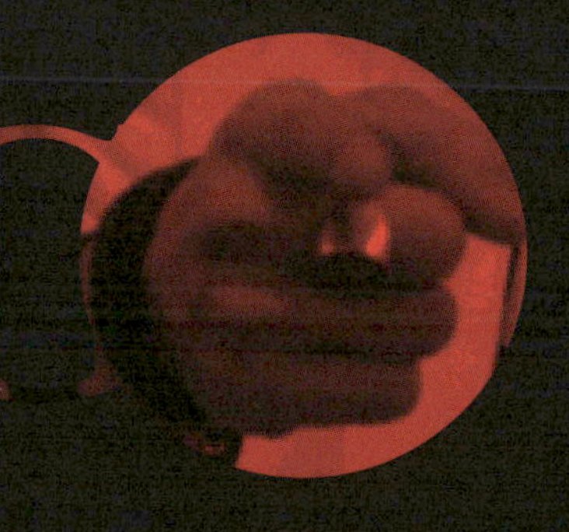

谦谦之道二

什么叫做奇迹中的奇迹？大家都说，没有做不到的，只有想不到的。事实上，很多时候，没有想不到的，却真的会有做不到的。

我理解的奇迹中的奇迹应该是说，明知道不一定会做到，可是既然想了就一定要去努力做到。敢于想不可能的事，敢于执著地追求自己的理想，富有开拓精神的人也就是走向成功的人！

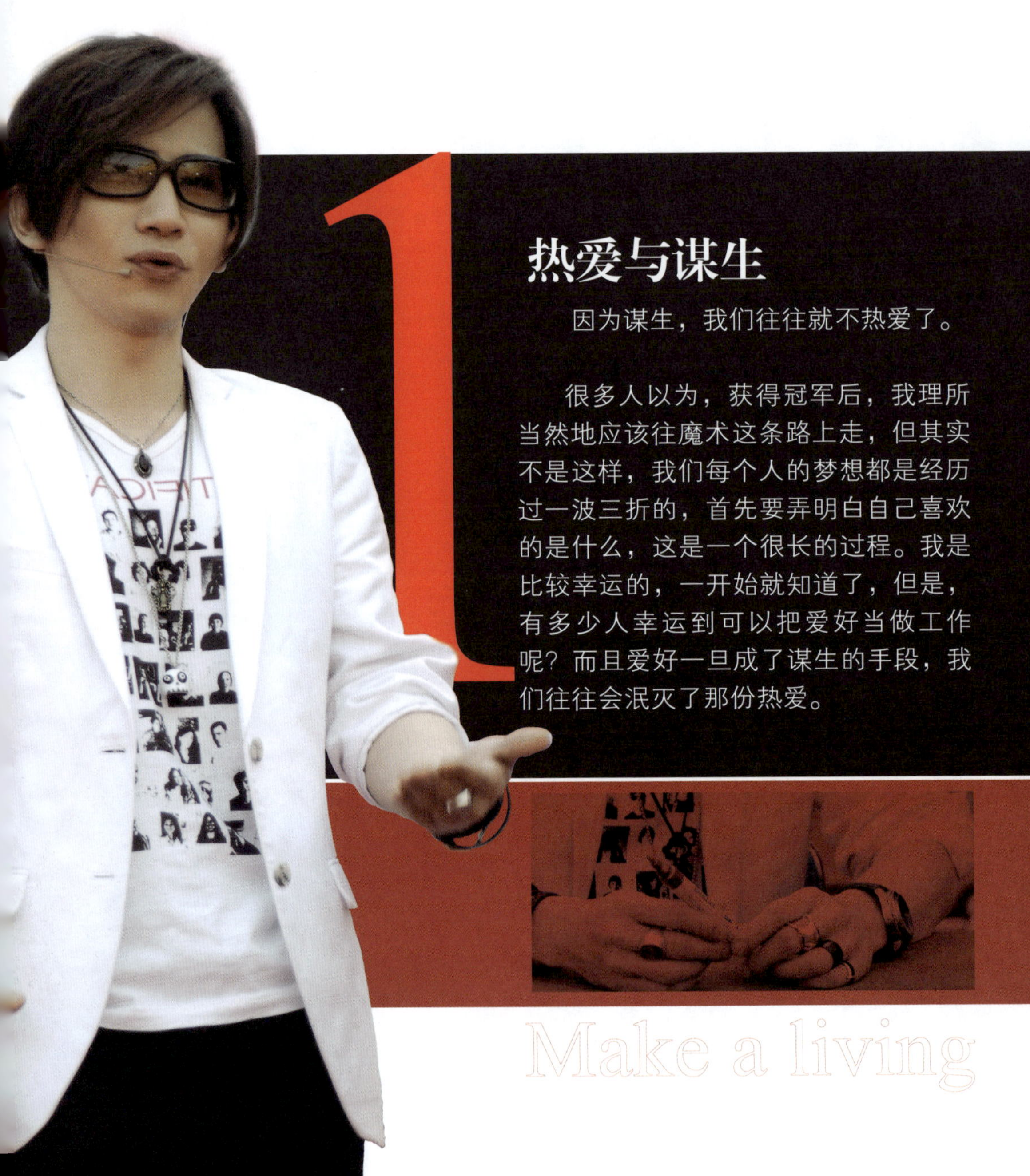

1 热爱与谋生

因为谋生，我们往往就不热爱了。

很多人以为，获得冠军后，我理所当然地应该往魔术这条路上走，但其实不是这样，我们每个人的梦想都是经历过一波三折的，首先要弄明白自己喜欢的是什么，这是一个很长的过程。我是比较幸运的，一开始就知道了，但是，有多少人幸运到可以把爱好当做工作呢？而且爱好一旦成了谋生的手段，我们往往会泯灭了那份热爱。

Make a living

我认识一位作家，已经出了几十本书，有一天，她的朋友问了一句："写作很好玩吗？"那位作家立刻发作了，"整天孤寂地写写写，不疯掉已经算好了。"

看，大多数人都是这样，因为谋生，我们已经不热爱它了。而且，和别的行业一样，当爱好成为职业时，要快乐就很难。比如说小时候，大家看到汽车跑、看到电视机有图像，就会觉得很新奇，但是慢慢长大了解了一切后，这种乐趣就没有了。

观众需要魔术，其实是对奇迹的渴望。魔术师的工作就是把大家的心情带回从前，让观众对眼前发生的事充满新奇感。但最感受不到这种快乐的就是魔术师本人。

所以在很长的一段时间里，我把魔术只当做是一个爱好。我在家表演给妈妈看，在学校的文艺汇演中表演给老师和同学们看，得到了掌声，我就很快乐，但是，繁重的功课依旧存在，一切并没有什么改变，学校不会因为你得了一个魔术大赛的奖就让你不上课了，老师不会因为你表演了硬币就可以让你不考试。

在学生时代，我虽然成绩不怎么样，但是凭着自己的一双手，变变魔术，也深受大家的喜欢，顺利考上了东吴大学日语系，那时候最大的心愿是，做一个很帅气的玩魔术的人。

注意，我说的是玩魔术的人，而不是魔术师，我想的是自己可以成为一名白领，衣食无忧，业余时间钻研魔术乐此不疲。白天上班，月末出粮，朝九晚五，回家高兴就露一手，不高兴就不表演，有掌声最好，不喜欢我也不在乎。

可是找工作的路径并不顺利，我是学日语的，当然是想进日资企业了，但自我感觉良好地准备和面试，却没有把我送上成功的路程，那时候基本上每天都风尘仆仆地颠簸在面试路上，得到的回答都是：

“很抱歉，我们不能录用您……”

“其实您也是优秀的，不过XX条件更适合……”

后来我退而求其次，想做一个翻译，但依旧是千篇一律的面试，千篇一律的被拒，我本身就是内向而骄傲的人，这样的人很自信，但也容易敏感自卑。一次次的挫折，使得我内心的自卑感发作了。

后来，我几乎对找工作不抱任何希望了，可总不能一直这样吃父母的、喝父母的吧。

烦恼的时候，我就独自一个人自创小魔术，一次次地练习。

只有在这样的时候，我才感觉到自己是充实的，自己是成功的，骄傲的，自信的。

这样的日子大概过了半年，半年里我自创了很多小魔术，包括做梦的时候都会梦到一些残缺的片段。半年以后眼看还是找不到工作，我只好跟父母说："要么，我去表演魔术赚钱。"

父母一向是很开明的，不干涉我的兴趣，但是听到我说这话，他们感觉我像是要去"街头卖艺"一样，不由得担心起来。

"那你有信心吗？"爸爸问。

"没有。"我坦白地说。

"那，你有没有长远计划？"妈妈问。

"……也没有。"我丧气地回答。

父母面面相觑，都愣住了。那天晚上，他们房间里的灯一直亮到凌晨。第二天，妈妈对我说："我和你爸爸商量过了，再给你半年的时间，这半年你可以不找工作，去做你喜欢的事情，但是半年后如果你还是一事无成，你就要继续找工作直到安稳上班为止。"

我还能说什么呢？心里的惭愧和感激是不可言说的，能这样对自己的孩子，支持他那个看来如此荒唐的梦想，这样的父母普天下也没几个吧。

悲观才是福

乐观的人往往忽视潜在的危机，因得意而忘形。而悲观的人却常常能考虑到事情最坏的结局，因知足而常乐。

我走入《魔星高照》实在是一个偶然，这是一位老师兼朋友式的人物介绍的。

原本只是抱着尝试一下的心情，没想到居然一拍即合，做到了那种“一面走出大门口，二面电话猛回头，第二天正式上班啰”，连我自己都很吃惊。

不过当时想的是，有工作就好，别的哪还管那么多呀，只要不是诈骗（我曾经在求职的时候遭到过诈骗集团，就是那种要你先交多少钱，然后可以去参加面试的，朋友们一定要小心）。

后来才知道，这个节目其实不仅仅是变魔术，更有介于主持人和魔术师之间的两种身份转换，也就是说，我要走上街头去给路人表演魔术，然后用摄像机偷拍下群众的反应。

一直到现在还有人怀疑，那些配合魔术表演的路人甲、公司职员乙、小店老板丙等普通人是否真是普通的“局外人”，还是节目组请来的“托”。

我可以很负责地告诉大家，这些人都是随机请来的！当然，有时候我们也会去熟人的公司拍摄，但是我们会尽量避免让他们来配合魔术表演，否则会影响魔术产生的震撼力，只有陌生人在看到魔术后才会在脸上浮现出“如假包换”的各种表情，才会让观众感受到节目的“真”。

所以这就形成了一种巨大的压力，

因为你永远不晓得下一步会发生什么情况，这些突发的，意想不到的事情足足可以把一个经验丰富的主持人都给逼疯，何况，我虽然变魔术是得心应手的，但是做主持人却是平生头一遭儿。

记得1995年，我参加过台视的一档综艺节目《一千零一夜》，被当时任节目制作人的何晃杰老师（也就是我现在的经纪人——晃哥）一眼相中，但当时晃哥一直想将我打造成“全能艺人”，这不是我喜欢的，魔术就是魔术，我只想在魔术上有所成就。

如今虽然不是全能艺人，却要在变魔术的时候同时做主持人，我行吗?

坦白地说，我是一个悲观主义者，巨蟹座的人往往都是带点悲观的。

当时我并没想过在《魔星高照》能待多久，我只是把它当做一个工作来做，而且，在巨大的压力下，我每一天都在幻想着失手的情景，几乎是提心吊胆，把很多最坏的后果都想到了。

“塞翁失马，安知非福”，这已经是深为人知的一条道理。

老子说：“福兮祸之所倚，祸兮福之所伏。”就是说的这个意思了。

就我个人来说，对于这一点也许有一些更深的体会。“悲观”对于很多人来说，是一个具有贬义色彩的词，但我，却又偏偏对它情有独钟。

我觉得，我现在的快乐的心态无一不是源自悲观的认识。

在上学的时候，我读到这么一个故事，是一位外国作家写的。

记得多年以前，我第一次在公园里看见走江湖的人玩把戏．那个人油嘴滑舌，手脚却十分利索，飞快地把几个胡桃壳搬来搬去，然后问四周的人说：“哪一个空壳子下面有一颗豌豆?”

当时我对世上的坏事虽毫无所知，但却忽然提高嗓子说：“说不定都没有。”

那个人狠狠地瞪了我一眼，然后又把我咒骂了一顿。

“这个小鬼啊，你们看着吧，将来一定是个哭丧鬼、悲观主义者。”

那时的我还不知道什么是悲观主义者，后来查字典，才知道那个人讲的一点都不错。

字典上对悲观主义者是这样解释的：“凡事都往坏处想，总以为结果一定不好的人。”

这正是我的写照。我可不是存心要悲观，而是天生的悲观。

如若抛开悲观主义者和乐观主义者在字的褒贬含义上的区别不谈的话，我倒觉得：我们这些悲观主义者过的日子，比起那些乐观主义者要高明多了。

为什么这么说呢？在通常的情况下，喜听好消息，排斥坏消息是所有人共有的心态。可是天下不如意事，十常居八九。

对于乐观主义者来说，十件事中倒有八九件是事与愿违的。

而对于一个悲观主义者来说，十件事中倒有八九件是意料之外的好事。从这一点来看，悲观主义者生活着要比乐观主义者快乐得多。

比方说，我每次坐飞机，口里就不出声地念念有词。黯然向世界告别，自信这一次一定劫数难逃。每次送朋友上飞机，我也有同样的感觉，总要恋恋不舍地多看他们一眼，内心觉得这次不是生离就是死别了。这有什么高明呢？咳，你不知道；他们平安到达目的地之后，我心里该有多么高兴！自己下了飞机，是多么地欣喜若狂。

乐观主义者从不会想到灾难会临头，而悲观主义者却时时都在想。人无远虑，必有近忧。这种天昏地暗的思虑，迟早一定有好处。

有事实为证。我住在乡下，离城有几里路，心里觉得早晚家里会失火，烧得精光。我常常揣想火是怎样着起来的：烟囱的火星可能使屋顶着火，电线可能走火……一旦失火，我怎么办呢?是晕过去，还是拔腿就跑?我知道，失火时我一定会张皇失措、丑态百出，即使大难不死，亦无颜再见江东父老。

事有不幸，12月的一个早晨，油桶漏油，房子果然失火了。当时我临危不乱，我的一举一动皆有条不紊。我打电话通知消防队，把车子开出烟火弥漫的车房，接上花园浇花的水龙头。一边等消防车，一边自己救火。对此，家里的人至今还津津乐道，乐观主义者绝不会这样准备有素，说不定还会站在那里发呆呢。

事情就是这样，我悲观，所以很多不如意之事也在意料之中，也就不觉得很沮丧；倘若一旦有超乎想象的好事发生。虽然可能对于乐观主义者来说只是很一般的结局，但对我，则是天外飞来的鸿福，心里受用至极。

这个故事给了我很大的启迪。

从此之后，我凡事都做好最坏的打算。有人说："悲观主义者在顺势的时候觉得难受，因为害怕期望过高，失望也重。"这话也许不错。

不过我觉得，我的悲观主义使我知足常乐。我看见许多人，一心只往好处想，等到时运不济，就怨天尤人，这时我心里就觉得舒畅。

对于我的悲观主义，我可是乐观得很呢。

于是我带着我的悲观主义，想好了一切最坏的后果，并带着这样的疑惑和忐忑，走进了《魔星高照》。

是偶然，
也是必然

对一个魔术师来说最有震撼力的地方不是舞台，而是街头。

一直觉得，街头是最考验魔术师的地方，因为变魔术在外行人看来确实很难，但对魔术师来说是有程序性的，可以按程序一步步完成，但做主持人要遭遇各种突发状况，完全没有程序可言，既要变魔术，又要应对各种突发情况，确实有些困难。

开始的几天，情况没有我想的那么严重，路人反应热烈，满意而归，我也不由得松了一口气，都说万事开头难，我开的这个头还算可以。

但很快我就发现我这口气松得太早了点。那天，我们在市区拍摄完毕后来到郊外，刚好有一群农民在地里耕作。于是我上去跟他们搭话，按道理乡民都是淳朴的，即使碰到陌生人也是笑容满面，但我觉得这几个农民怎么冷冷的样子，一点也不热情。

于是我就尽量找话跟他们讲，然后开始表演，大概是我长着一张娃娃脸，他们不知道这是录节目，还以为我是哪里跑出来的不务正业的小混混，一位伯伯火气很大地拿起一桶粪对着我就说："年轻轻的不学好，如果你不走我就浇你了！"我吓了一跳，以为他吓我的，不料他还真是说做就做，举起木桶对着我泼了过来，这一下吓得我连滚带爬地逃出去很远，鼻子还能闻到那股臭味！

后来我才知道那几天刚好是农忙，大家赶着耕作，忙都忙不赢呢，还有我们这样不识相的人来打扰，不生气才怪。

总之那次真是狼狈不堪，至今想起来还是心有余悸啊！

多年以后，我总结这段经验，才明白，《魔星高照》是一个跳脱旧形式，灵活玩魔术的节目，而我本人就是一个不按常规出牌，将玩寄寓工作之中的魔术师，两者有着相似的特质。

故偶然进入《魔星高照》的背后，也是有必然的因素。

4 中奖啰！中奖啰！

其实魔术也是很人性化的一个东西。

这是两种相辅相成的功效。这三年来，无论是警察、流氓、挑粪的农民、买菜的师奶等，我都直接表演给他们看而事先没有沟通过，一步一步摸索过来，我渐渐也了解到了老百姓喜欢什么样的魔术，什么样的东西才是可以被大家接受的。

首先，道具要简单。这个道理很好明白，街头吗，不可能表演危险系数大的、道具复杂的，就挑选一些日常生活中都熟悉的道具，比如鸡蛋、口香糖、牙膏、可乐什么的。一般来说，我最受欢迎的一个节目，是把一个捏扁的空的可乐罐子，在众目睽睽下，一点一点地恢复成一个没有捏扁前的样子。然后在一片“啊，哎”的惊叫声中，再告诉大家：“现在罐子已经恢复原状，可是口还没有封上——”

接着手一抹，口就封上了，每当这样的时候，人群中都会欢声雷动，一张张面孔上流露的都是惊讶、羡慕、好奇、不服、怀疑……尤其是这个节目很讨小孩子欢迎啰！小孩子都喜欢喝碳酸饮料，肯定会缠着看，那么带小孩的大人也自然会跟着停下来看，这让我想起当年站在魔术专柜前的我。

其次要抓住大众心理。人一般都对钱有兴趣，那么就变钱了。不过变钱往往是很“人性”的一幕，连我自己都深有感触。一次，我去一家杂货店，装作买苹果的样子。我说老板你的苹果味道怎么样？能不能先尝一个？我把钱先给你。

老板就同意了，接过钱，让我自己选一个尝。我拿了一个，问他有没有水果刀，他给我刀子，我接过切开两半——哈哈！奇迹出现了！苹果里面赫然多了张纸条。

“恭喜你中大奖，索尼17英寸彩电，请跟店家索取。”

我就把纸条一举，高叫着说：“老板，我中奖啰！”

老板吓了一跳，连连摆手说：“没有这回事呀，没有这回事，不可能的……”

我疑惑地问：“可是纸条上不是写得很清楚的吗？怎么能说没有这回事呢？你看，这指明了要我跟店家索取彩电的，店家就是你呀！”

老板急得汗都出来了，也不跟我说话，就开始打电话给苹果批发商质问这是怎么一回事。呵呵，我猜想那个无

辜的批发商一定比老板更加莫名其妙，费了半天才听明白，明白过来后两人就你一言我一语地吵起来，我都有点于心不忍了，但我知道摄像机一定在暗处盯着，这是最好的素材。

所以我一直等到他们吵得差不多了，才亮出了身份，说是在录节目。老板先是错愕，接着就如释重负地笑了，“真是吓死我了，弄了半天原来是这样，我说呢，我们小本生意的，真的出什么事情我可担待不起啊！”

然后他还拿了几个苹果往我手里塞，我当时特别不好意思，但他坚持要我收下，说刚才我的表演着实有意思，没准上了电视，他的水果店生意就会火了，临走还一再问我：“什么时候播出？记得叫我看呀！”

我一直怀念这位善良淳朴的水果店老板，要是有机会我一定会再去看看他。相比之下，我另一次关于钱的表演，就不那么愉快了。

那是去买口香糖，老调重弹，我当着老板的面剥开口香糖纸，结果里面变出一张一百元钞票。当时老板的眼睛都直了。我还笑着说：“耶，买口香糖送钞票，真好！”

接下来发生的事情我可是一辈子也忘记不了。老板先是张大了嘴瞪大了眼睛，紧接着，他喊起来：“你们快出来呀，都给我出来呀！”我还没反应过来，就看见七八个人呼呼啦啦从店堂后面冲了出去，看样子不像是老板雇佣的

伙计，应该是他的家人亲戚什么的。这七八个人一下子把我围了起来，要我把钱还给他们。

“可是这明明是口香糖里吃出来的，就该是我的啰！”我半开玩笑半认真地回答，因为气氛实在太紧张了。

“这是我们家的钱，我们要拿回去！”

“你们家的钱怎么会在口香糖里？”我问。

“我们就有这样放钱的习惯！”呵呵，真会强辞夺理，“我们以前就是这样放钱的，一直都是这样放钱的，总之你要还给我们。”

“对，你还给我们。”

……

你一句我一句的，我头都昏了，最后我不得不大叫一声：“别吵了，这根本是我的钱！”

然后我亮出了身份，扛着摄影机的同事也出来了，我们努力解释这是制作节目，并再三道歉。老板和那帮亲戚还是很生气，并扬言要我们给他们精神赔偿，后来嘴唇都说干了，才放我们走。

虽然这确实是一种“行骗”，但是这顶帽子也扣得太大了点吧！后来我还碰到过一次，我在橘子里变出百元大钞时，周围的路人顿时惊呆，然后他们竟然蜂拥而上抢这张大钞，最让人哭笑不得的是竟然有人拿了橘子请求我帮他从橘子中变钱！这不是把我当成点石成金的仙人了吗？

所以说，其实魔术也是很人性化的一个东西。

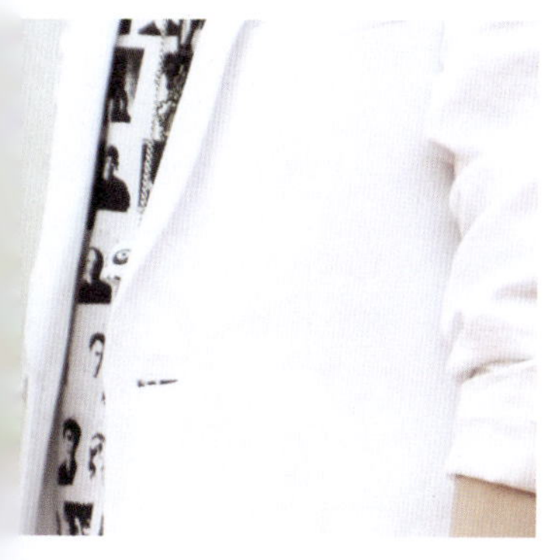

5 让世界保持一点神秘感

在功利，现实意义的角度，魔术也会成为人们的帮手。

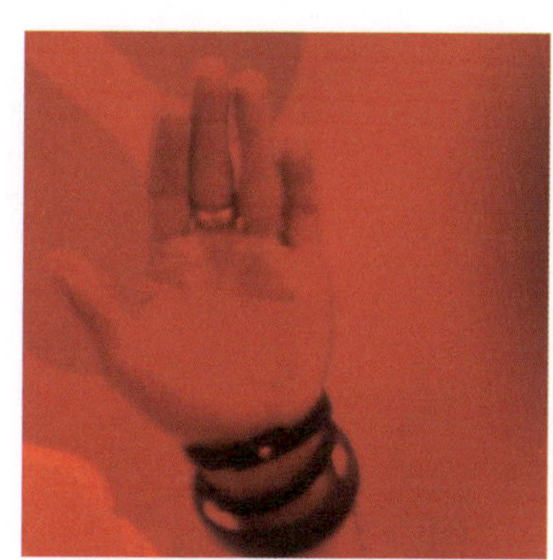
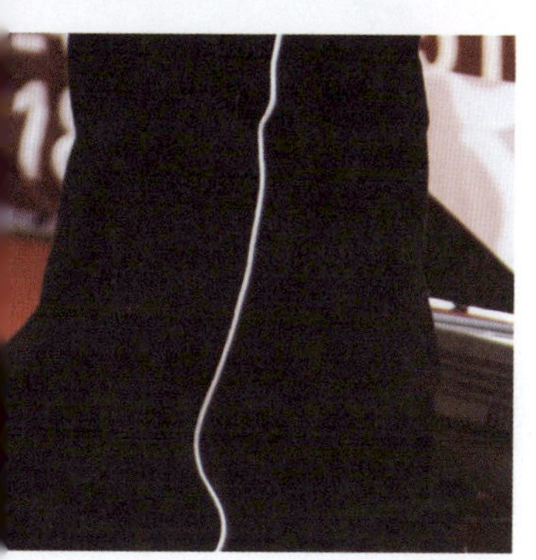

但这些突发情况在某种程度上也会为魔术的成功度加分。毕竟在我心目中，让魔术带给人们快乐和惊喜，让大家有参与的机会是在第一位的，如果可以娱乐大众，就算魔术被拆穿也无所谓。如果为了保持魔术的神秘感使其一直高高在上，不走入常人生活，这也就失去了魔术的意义和真谛。

总之，这三年来，我忍受了许多压力，也有了很多意外的收获，明白了如何把魔术和商业、娱乐结合起来，让魔术融入常人生活。

这一直是我为之努力的目标，在我看来，让魔术与人们零距离接触才会发挥出其独特功能。魔术不仅有给人带来快乐这些精神上的功能，从功利、现实意义的角度，魔术也会成为人们的帮手。

比如你是一位老师，难免会碰到不听话的学生，这时如果你会几手魔术配合各种情况使用，会让学生觉得很玄，久之，会对你产生崇拜感。老师如果赢得学生的青睐，那在教导学生或其他教学工作中碰到的阻力就会小很多。同样，如果你是一位商人，在商场上会灵活地运用一些魔术就会给你带来商机。

魔术的技巧是有限的，故还有发展空间的就是魔术师的表现力，如何让更多的观众迷上魔术爱上你，这需要交流。

而《魔星高照》给了我一个走下舞台，跟普通观众近距离交流的机会。我很享受这样的感觉——在别人的眼皮底下成功“行骗”，然后看他们各种各样的表情，或惊讶，或快乐，或生气。现在这个时代，神秘感和惊喜已成了奢侈品，给大家带来一点点稀有的快乐，也正是魔术师的魔力所在。

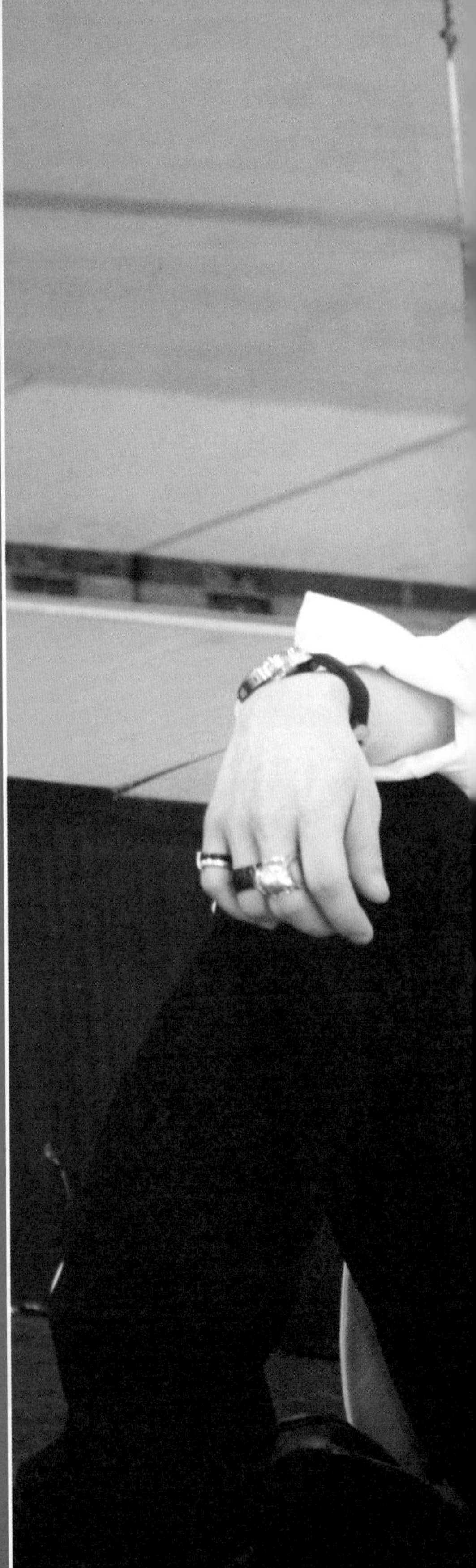

Panorama of Magic

细节决定成败，这句话想必大家都很熟悉，但是真正行事的时候很多人却会忘记这句话。

魔术表演，尤其是近身魔术表演，靠的就是这些和生活贴近的细节，因为平实而打动人，而不是什么大变活人、火车、飞机等高难度的、夸张的，大家一看就想“肯定是假的”，这也失去了它的吸引力。

我始终觉得一部没有美妙细节的电影或小说，是干巴的，空洞的，故事再精彩也打动不了人。比如说看书《松子的一生》，描写一名叫做松子的女人悲惨到极点的一生遭遇，仅仅阅读这本小说，你只会觉得松子真的衰到爆炸，然后很同情而已。并不是一个多了不起的故事情节。

但是这个故事改编成电影之后可完全不一样，导演叫中岛哲也，是个狠角色。他用非常华丽炫目的手法，为这个悲惨到极点的故事注入震撼人心的新生命。场景设计，剧情节奏，还有美术设计都是超一流的水平。真正了不起。女主角中谷美纪，也就是电车男的女主角，听说演这部片演到精神崩溃。可以说是我近年来看过最受震撼的电影。

没有细节的人生是索然无味的。

同样，一个没有安排好细节的魔术师，表演再精彩，也打动不了人。

Panorama of Magic

可乐还原

接下来，迎接奇迹来临的时刻就是——《可乐还原》，一个靠着细节取胜的神奇表演……

1）首先准备可乐罐(未开)。

2)之后在可乐罐的罐侧面开一个小针孔(在可乐罐侧面上面数起大概10mm，不要太低)。

3)将会有五分之一的可乐会逼出(小心整个头都湿了，最好到厕所弄。)，之后将可乐罐压变型。

注:各位亦不应将罐压得太厉害，因为就算可乐罐成功还原，但都不美观了，另一方面，如果压至有破裂情况，会有喷出汽水的问题，整个魔术亦宣告失败。各位请小心留意!

4)将可乐罐开口处涂黑(可以先用薄纸或厕纸涂黑，再剪成可乐开口形状，将之贴上。)好像已开过了。

5)表演时将小孔按实，之后慢慢摇动，罐里面的可乐会迫出气来，将可乐罐还原。

6)还原后不要放开小孔，可以先将涂黑了的开口或黑色薄纸清理，变成未开可乐罐盖形状。

7)打开罐盖时，有可乐气逼出的声音。表演成功！！

8)成功倒出可乐……观众大叫神奇。

谦谦之道三

一些古谚语如今已经不实用了。比如说“失败乃成功之母”，也许这没错，但是不能以此来纵容自己的失败。我认为“成功才是成功之母”。人生的算式使我们明白：付出一份辛苦得到双倍成果，少出一份力气遭受双倍损失！

第三章 魔术师与魔术

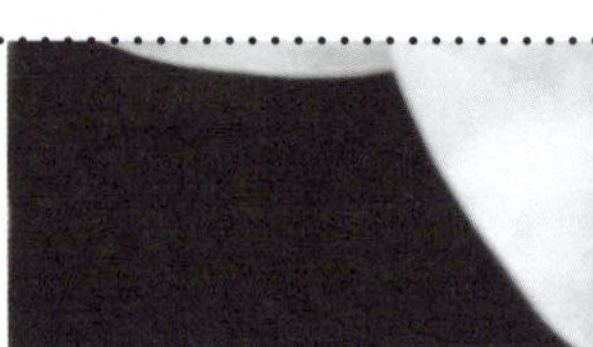

The Magician and Magic

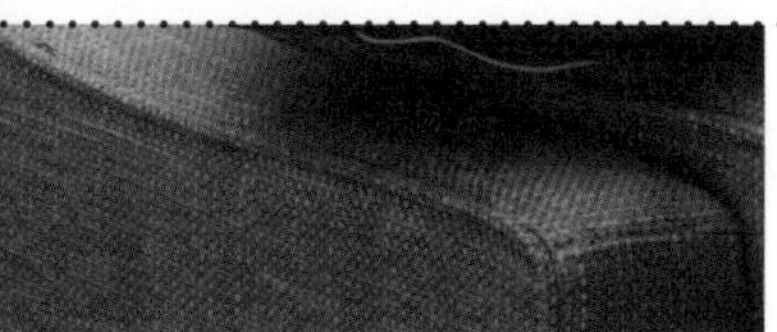

1 魔术师喜欢的魔术

对魔术师来说，越是白痴愚蠢无聊荒谬的魔术，越能够在一般人的心目中留下深刻的印象。

看看下面这招。

请观众A从一副扑克牌中随便选一张，再请观众B从一副牌中随便选一张。两张牌放回整副牌洗乱之后，魔术师使用了四种不同的华丽手法找出四张A，然后这四张A瞬间变成四张K，接着将这四张K放进牌盒中，不料从魔术师的口袋中，拿出了这四张K，那盒子里的牌呢?

原来是四张A。

然后请观众拿着四张A的红色两张(红心与方块)，魔术师拿着黑色两张(黑桃与梅花)，一阵魔法手势之后，魔术师手中的两张A变成红色的。

那你猜观众手上的两张是什么？原来是一开始选的两张牌，那黑色的两张A到底跑到哪里去了?

原来在整副牌的中间不知不觉地反过来了，更神奇的是，所有的牌背面都是蓝色的背纹，只有四张A不知不觉地变成了红色背纹，这也就算了，观众选的两张牌竟变成了绿色背纹。

不料，再翻开一直放在一边的四张K，竟然变成了四种不同颜色的背纹。只见魔术师再弹一下手指，所有的牌竟然全部变成了空白。

最后所有的扑克牌在手中消失……

以上，就是魔术师喜欢的扑克牌魔术的典型。

你会说：“这有什么好玩的？”

没错，魔术师所关心的，往往是魔术背后的方法、原理、创意，而不是呈现在观众眼前的效果。

在职业魔术师的世界之中有一个理论，就是“魔术师喜欢的魔术，通常大众都不喜欢”。

同样的，大众觉得很厉害的魔术，通常都是被魔术师们视为垃圾的烂招。

这里指的“大众”意思是说，不会

变魔术的大多数人口，也就是被魔术师们娱乐的族群。这个理论的意思，不是说一般大众比较笨，而是魔术师与观众的思考模式有着根本上的不同。

首先，要知道，魔术师喜欢的魔术大致上有几个特点：

第一，原理巧妙。

也就是说，为了达到某一个效果，所使用的方法非常具有巧思与新意，让同行看到之后会不自觉地想要亲切地捶

发明者一拳，然后说：“小子，真有你的。”或是重重地扁他一顿：“×！这你也想得到！”

第二，构思新颖。

跟上面意思差不多，总之就是没人看过的创新魔术。魔术师学会了之后会很兴奋地表演给其他的魔术师看(不会表演给外行人看，因为他们无法分辨新旧)，然后一脸屌样地说：“怎样，没看过吧？”

第三，技法艰难。

对魔术师来说，练成困难的手法，可以让人达到至高无上的欢乐境界，这是成就感的部分。除此之外，展现这些技巧给其他同行看，并且暗示或嘲笑对方办不到，这种优越感，也是无与伦比的痛快。所以为了追求这种舒爽，魔术师们无不卯足全力躲在家里狂练，出了门之后再一副“什么？手法需要练？我天生就会了啊！你该不会常常练习吧？”的贱样。

上面几项，有一个共同点，就是完全跟魔术效果无关，也就是说，魔术师喜欢的魔术，大众都不喜欢。

2 白痴加脑残的魔术

事实告诉我们，只要敢做，你就会红。

那么，一般大众真正喜欢的魔术有什么特色呢？

第一，效果易懂。

硬币在手里消失了，鸽子从手帕出现了，汉堡从照片里出来了，自由女神不见了，刀子从嘴里吃下去了，美女被切成两半了……总之，几个字就可以形容的简单效果。

第二，原理简单。

就是一些乍看之下好像白痴也能够表演或想出来的魔术，通常能够获得最大的效果。最著名的例子就是就是上面提到的自由女神与抓汉堡。这种对魔术师来说，背后的原理简单愚蠢到无力的魔术，往往会让大众印象深刻。

第三，没有技巧。

是这个样子的，有经验的魔术师都知道，如果观众发现你的手法很好，他们会佩服你手很快。但如果他们发现你根本没有任何技术也可以表演魔术，他们会当你是神。

第四，没有程序。

对魔术师来说，程序(routine)是很重要的。看一位魔术师程序的编排，起承转合的结构，可以看出一位魔术师的功力。不过在实战之中，这些话全都是魔术师一相情愿的屁言。真正神奇的魔术，是没有程序的。汉堡就这样抓出来了，哪里有程序？想想看，魔术师所扮演的角色，就是具有魔法的人，一个真正有魔法的人，哪里会管先变出什么东西，哈利·波特施魔法时，会有起承转合吗？

我发现，对魔术师来说，越是白痴愚蠢无聊荒谬的魔术，越能够在一般人的心目中留下深刻的印象。

再拿最近已经红到令人发指的Cyril代表作——抓汉堡来举例好了。这个汉堡魔术，如果有人想到，然后提供给我，叫我在电视上表演，我一定二话不说把这个人干樵一顿先。因为如此简单的魔术，观众又不是弱智或脑残，哪里有看不出来的道理？相信不止是我，大部分的魔术师都会做这种反应。但是你看，事实告诉我们，只要敢做，你就会红。

另外一个例子，有“魔术发明之神”之称的吉姆·史岱迈尔(Jim Steinmeyer)在20多年前异想天开地想到用一个简单的方法，可以将自由女神变不见。于是他就跑去跟他当时的老板说。结果老板说他神经病，因为没有人会想不到这是怎么办到的。

后来，另一位年轻刚出道的魔术师，听说了这个点子，用高价买下了版权，并且大胆地在电视上表演，居然声名大噪，成为新世界的魔术之王。

说了这么多，其实只是想要表达一个感想而已：再怎么荒谬至极、脑残无限的魔术，只要一本正经地在电视上表演，大家就会相信，而且心甘情愿地被骗。

但这个一本正经是指什么呢？再怎么荒谬至极、脑残无限的魔术，上台的时候也必须要显得胸有成竹，绝对不能在关键时刻失手！

可你到底是人不是神，所以我常常说，歌唱不好还是歌星，舞跳不好还是舞者，但魔术变不好就是小丑了。

我没有成为小丑，可这其中的艰辛是别人无法想象的。

烧伤烫伤是家常便饭。印象最深的是在日本名古屋的一个剧场连续表演三次，每年，日本各地都会举办许多大大小小的国际魔术大会，数量之多，频率之高，算是亚洲之冠。

所以许多魔术爱好者都恨不得自己生在日本，因为可以每隔几个月就看到来自世界各地的国际魔术大师，不但献上他们精采的表演，也在研习会之中分享他们的技巧、心得与创意。魔术大会通常是由某个组织或协会举办的，而日本最大的几个大会，通常都是由日本最大的几个组织主办。由于组织与组织之间会有竞争心态，所以每年日本几个重要的魔术协会都会互相比较，看谁办的大会规模大，质量好，卡司强。

那次在名古屋，连续表演三次，最后一幕是手上喷出一堆火焰，“哗”一下窜老高的，这个节目事先我排练过并且在大陆各地区巡回演出过，可是到了日本的时候问题就来

3 魔术师和小丑

了。或者是那天天气太潮湿，日本空气太潮湿，以至于东西燃烧不完全。烟火通常喷上去掉下来就没了，但那天喷上去之后，它掉下来还是燃烧的火。我只好把那团火拿在手上，当时疼得钻心！之前在街头表演时也出过错，比如说拿错道具，原本的巧克力变成了牙膏，还是硬着头皮一口吞下去。可和这些比起来那根本不算什么，那是火耶！

疼得撕心裂肺还要装成很帅气的样子站在那里，脸上带着招牌式的微笑，个中滋味只有我自己知道。那天要表演三场，第一场下来，我朋友一边给我抹药一边说，这样不行，接下来还有两场，那么怎么办呢？

“把火药减半或者会好点。”有人出主意说。

于是到了第二场的时候，就把火药的分量减少了一半。

歌唱不好还是歌星，舞跳不好还是舞者，但魔术变不好就是小丑了。

结果……

猜猜看？

快猜猜看……

答案很接近吧？

扑哧！

火——烧得更大啰！

说魔术荒谬，还真是荒谬！

第二场简直生不如死，到第三场几乎可以闻到烤肉的味道了……

反正……

那天我手上起了无数的水泡。

你觉得上面讲的强吧？

这还不算是最强的。

最爆的一次是在内地，石家庄做表演时，被烧了几乎七次。最后一次烧完，已经是晚上十一点多了，实在疼得受不了啦，于是去找医院，人生地不熟的，表演的地方又比较偏僻，在附近转了很久，也没有找到一家像样的医院。

只好拦了一辆出租车，问司机：“能送去治疗烫伤的医院吗？”司机想了一下就说好。当时车上有我一个朋友陪着，我们坐在后排，就看车子出了市区，往人烟稀少的地方开去，一路上越走越荒凉，穿行在满是枯枝败叶的山林里,万籁俱寂,偶然有鸟雀窸窸窣窣的声响……

这……整个一个“月黑风高杀人夜”嘛！我们当时心里毛毛的，我就想喊，不去了，快放我回去！

就这样车子走了大约四十分钟，停在了一个破烂的建筑边上，那房子跟传说中的“鬼屋”差不多，简直好像推开门就有个白发苍苍、牙齿掉光的欧巴桑出来，用含糊的声音问：“你～找～啥～郎～”

“这就是医院。”司机说，“你们敲门就有人的。”

然后他把车子开走了，剩下我跟朋友在那里面面相觑，手上的水泡疼得实在厉害，我连敲门的力气都没，朋友就上去对着门大喊：“有没有人哪？有没有人哪？”

死亡游戏

记得，看你表演的人们，已经忘记了魔术是什么。而你所做的事情，是在提醒他们，唤醒他们对魔术的回忆。

这样喊了好几声，才听到脚步声由远而近，然后那扇门慢慢地打开了，从门缝里探出一个头来，惨白的月光下发现他胡子老长，身上穿着白袍，浑身都是血迹……

呃……

不会真的——

有鬼吧！

我头皮都麻了起来，可就在这时候，那个“幽灵”开口说话了：“什么事情啊？”

朋友跟他说是烫伤了。他慢慢地看了一下我的手，拉长声音说：“我以为怎么了——原来这点皮肉伤，不要紧的……跟我进来吧……”

我们交换了一下眼色，跟着他进去了，一路上我边抽冷气边想，我都疼得流脓水了，这人居然说“一点皮肉伤”？有没有同情心嘛！

后来才知道，那个鬼屋，是一个钢铁厂的家属医院，专门给钢铁工人被锅炉全身烫伤后急救用的……

比起一间间屋子里躺着的那些……那些全身包裹得跟木乃伊一样的……

我不得不承认这是“一点点小伤”……

结果——

可想而知了。医生拿出一把铁锈斑斑的剪刀，消了下毒，就一个个……把我的水泡给扎破了，然后拿出药胡乱一撒，用纱布一缠说：“没事情了！”

第二天我发现我疼得更厉害了。

不得不去了石家庄一家大医院，医生责怪我：“怎么早点不来！怕是要留个疤了！”

直到现在，我的手上还一直留着那个疤，算是对那次“历险记”的纪念，至今想起来还让我头皮发麻。

妈妈曾经说，自从我玩魔术后，全家人一天到晚生活在死亡的恐惧里。

这是真的，现在至少我自己还能控制一下，小时候那才更惨，刚刚迷恋上魔术那会儿，喜欢做跟火有关系的魔术，会买一些奇怪的化学书回来，A加B什么的，头发往往一下子没了，有一次火窜到了天花板也不知道怎么办，只好大喊大叫，结果还是邻居赶来帮我扑灭了火。

最恐怖的是我在长沙表演一个死亡逃脱术，把人都用铁链绑起来放在木箱里，箱子里装定时炸弹，时间到了真的会爆炸——大家要相信，这是真的炸弹。

可怕的是，因为时间不够，当天没有排练就直接上了，因此出了小意外，脖子被铁链子绑到，青了一大块，不过能逃出来，已经算命大了。

魔术的动人之处，是大家都知道不会出事。但大家都抱有百分之一的希望——你在台下看的时候也这样想过吧，会不会出事呢？如果出事怎么办呢？

甚至，你会不会在心里暗自希望——来个失手吧？出点事故吧？

前一阵子，我读到一篇文章。

是关于道格·汉宁(Doug Henning)的专访。这个人可以说是上一届的“戴维考柏飞”，在30年前的美国，可以说是无人不知无人不晓的。

他曾经在美国百老汇制作了三套大型魔术剧，八个电视专辑，以及无数次的世界巡回表演。来自加拿大的他，美国的传播媒体称之为“北方的精灵”，是20世纪最成功的魔术师之一。

道格·汉宁于2000年2月7日过世，享年52岁。

在1999年，他接受了美国“MAGIC”杂志专访时，访问者问到为什么他从医学院毕业之后，放弃成为一个医生，而成为了一位魔术师。

道格说了以下这个故事：

在大学时代，我在学校还小有名气，时常受到电视台的邀约，在一些电视节目中客串演出。

一次，加拿大电视台邀请我参与一个圣诞节特别节目的录像。在巡回了许多城市之后，我们来到北方的一个小镇上，电视台要求我为一群“爱斯基摩人”表演。

这个地方华式零下60度，距离北极只有400哩。我在一间小屋中准备好表演的道具之后，爱斯基摩人们随后进来观看表演。

他们穿着毛皮大衣，席地而坐，观看着我表演一些自认为还不错的拿手节目。

结果，在整个表演过程当中，爱斯基摩人们就只是坐在那儿，不笑，也不出声，一直到表演结束，没有听到他们发出一丁点掌声。不过，他们倒是每个人都睁大着眼睛盯着我看，好像我是什么稀有动物一样……

在场，只有一个人会说英文，于是我问他：“你们喜欢我的表演吗？”

“是的，我们喜欢你的表演。”他说。

于是我又问道：“你们每个人都喜欢魔术吗？”

他说：“魔术？？？”

我解释刚才我试着要娱乐大家。

他说：“娱乐大家是很好，但是你干嘛要弄什么魔术呢？这个世界已经是如此神奇了啊……”

我们坐在地上，这位爱斯基摩人说道：“窗外下的雪不就是魔术吗？这些微小的水晶，每一片看起来都完全不一样，多美，多神奇，这就是魔术啊！”

我说道：“但是，我凭空变出兔子跟鸽子来耶……”

“你为什么要做那种事情呢？”他说，“到了春天，北极到处都会出现海豹喔，也不知道它们是从哪里来的，真是神奇，这不就是魔术吗？”

我开始有点抓狂了，急着开始跟他解释到底什么是魔术，我拿出我的“死灵”(Zombie)道具，这是我觉得我最拿手的表演，然后秀了一段给他看，并说道：“懂了吧！我让这个银色的球飞来飞去耶，这才是魔术啦！”

不料，爱斯基摩人说：“每天，都会有一颗大火球浮在空中，不但给我们温暖，也照亮了世界，那才是魔术啊！”

接着，这群爱斯基摩人凑在一起，交头接耳了老半天，然后，刚才那位先生走了过来，脸上挂着一抹微笑。

他说：“现在，我们终于搞清楚你为什么要做那些事情了。因为看你表演的人们，已经忘记了魔术是什么。而你所做的事情，是在提醒他们，唤醒他们对魔术的回忆，小伙子，你做得不错！”

当我每一次从那种危险的，甚至死亡的边缘走出来时，我就会重温这个故事。

我从来没有告诉过任何人这个故事。

所以，亲爱的观众朋友，如果你们这样想也没必要自责，我觉得，这就是人性，如果确定不会出事情。表演就不会那么精彩。

而我们所做的事情，就是用神奇来带给大家快乐和温暖。
这也是我会成为一个魔术师的理由。

魔法秀坛

Panorama of Magic

很多复杂的事情，其实也是最简单的事情。

金庸在黄蓉给洪七公做菜的那段里有说过“武学和做菜都是相同的，在最简单的式样里才包含了最复杂深奥的道理”，（大概是这样的意思），以前还听说古代大户人家用厨子的时候，不需要他们做什么复杂的菜，只要做一个蛋炒饭来检验水准。

“当你读错一本书的时候，不要以为你只是读错了一本书，因为同时你也失去了读一本好书的时间和机会!”这是著名教育家、作家夏丐尊告诫青年的。

我们不妨将这个道理推而广之：你错了一次，也就同时失去了一次对的时间和机会；你失败了一次，也就同时失去了一次成功的时间和机会；你虚度一天，不仅仅是浪费一天，而是两天……

这是一种特殊的运算，永远没有1－1的算式，而永远是（－1）－1=－2。人生的成与败、功与过、理想、目标、品德、事业等都是用这个算式计算出来的。

只要稍用点心观察，就会发现上述算式的普遍性：两个同学的智力相差无几，成绩也相当，但在关键时刻一个考上了大学，另一个名落孙山，原来这后一个同学在高考前几个月处了对象耽误了学习，他是浪费了一点时间，可这损失却是双倍的，失去了上大学的机会，要想再把失去的补回来，得需要两倍以至于更多的时间和精力。

两个同时起步的小贩，一个每天多干1小时多赚一点钱；另一个则是挣点够花就收摊。10年后前者已拥有了一家上千万元资产的大公司，而另一个还在街头摆摊。

前者是1＋1＝2，后者是（－1）－1=－2，他们的差距是每天2－（－2）=4，而且这+4成为前者的积累，以几何级数增长；后者的－4也以几何级数后退，10年后他们之间有如此大的差距是很正常的事。

人生的算式使我们明白：付出一份辛苦得到双倍成果，少出一份力气遭受双倍损失。

那就从最简单的做起，做到极致，就是成功。

Panorama of Magic

接下来的魔术，也许你觉得这个没什么，全靠手快。可这是我打小开始练习的魔术，小时候曾经练着练着就哭了起来，然后继续练……

直至连我自己都认为它是一个奇迹——

1．左手拇指、食指拉一条橡皮筋，橡皮筋与地面平行。

2．右手食指吊起另一条橡皮筋（与地面成90度角），放进“左手拇指、食指拉一条橡皮筋”的圈内，右手拇指放进“另一条橡皮筋”内。这样，两条橡皮筋可以互相拉扯了，是出不来的。但是，不要改变两条橡皮筋与地面的角度。

3．这是关键的一步。左手不动。右手拇指、食指往自己右边的水平线（即与地面平行的方向）拉，直到右手拇指、食指粘在一起。右手拇指不动，右手食指与右手中指要很自然地动（关键之处）：右手食指与右手中并排，右手中指夹着橡皮筋，右手食指出来，右手食指穿进右手拇指处。然后快速把中指的橡皮筋放了，右手食指往上一挑。这样一来，两条橡皮筋已经不相交了，也就是说原来在里面的橡皮筋已经出来了。

特别提示：

这个魔术在两段表演中都有一个必须做的动作，就是第一下先把两个手指即食指和中指合在一起，然后在表演之前有一个绕的动作，也就是这一下，已经把皮筋分开了。

拇指和食指勾住皮筋，合拢的时候快速用中指挂住皮筋，松开食指，然后又用食指勾住皮筋，这样就出来了。然后放回原位时不断地晃动皮筋，因为已经出来了，又是连贯的晃动动作，不容易被看穿。

然后……就不用说了。

RUMORS

人生的苦辣，都要尝尝。 风雨的后面，就是阳光。

CAN NOT

心中有理想，就有力量。 胜利的曙光，就在前方。

BE ALWAYS

遇到了困难，挺起胸膛。 做人坦荡荡，就不慌张。

STOPPED BY

前方有阻挡，别放心上。 把心放宽敞，就会通畅。

THE WISE.

第四章
谣言不一定止于智者

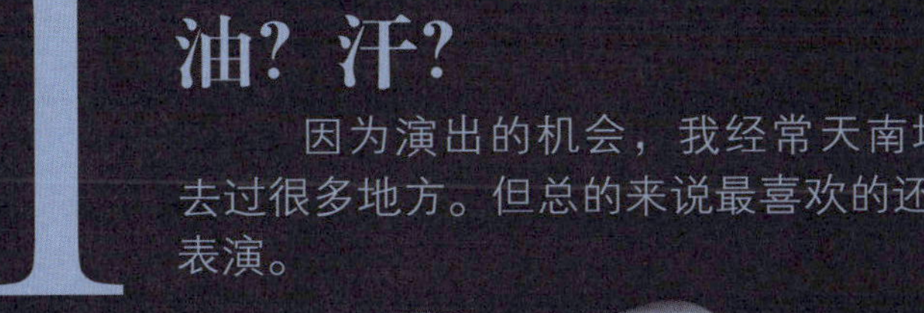

1 油？汗？

因为演出的机会，我经常天南地北地跑，去过很多地方。但总的来说最喜欢的还是在内地表演。

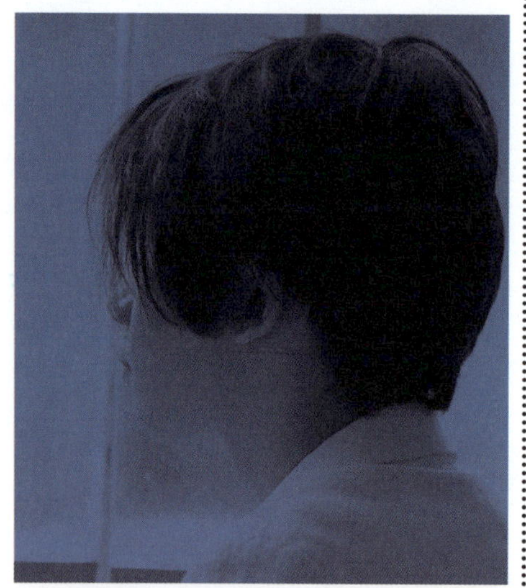

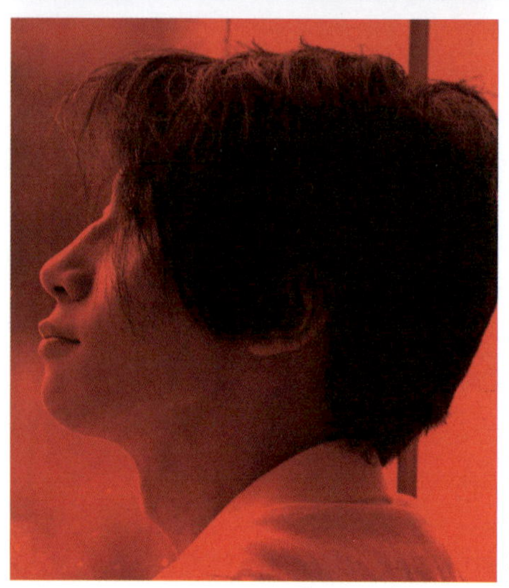

早在2005年，我就与湖南广电首次接触，做客《越策越开心》。此后，就频繁与湖南合作，其中包括07的《魔幻达人》，这个节目有那么点为我量身定做的感觉，和汪涵一起合作也很愉快，于是内地越来越多的观众知道了我。

不过话又说回来，拿网友的说法——“2009春晚后，刘谦是当红炸子鸡！”

2009年的春晚，把我推到了风暴的中心。

去年11月初，我接到春晚通知后，心里既喜且忧。喜的是上内地春晚一直是我的梦想，忧的是之前早就听闻过春晚的“残酷”。

晚会总长4小时，但是安排了6个小时的表演，所以每一次彩排之后，上级领导就会依照心情以及喜好刷掉一些节目。

而今年的春晚足足刷掉了2个小时的节目。有些大牌歌星前几次彩排就被刷掉了，第二天就会被新闻以及报纸报出来。

有些三四十人的表演团体，到正式来的前几天被刷掉，全团哭着打包行李回老家。在正式直播之前，你永远不知道什么时候会通知你“可以打包行李回家了”！

就算熬到除夕那一天没被毙掉，现场直播预定午夜12点20分要结束，所以一旦到了结束时间，后面还没上台的表演者们，通通准备去领便当回家。

完全不知道在北京待了这么长一段时间是为了什么，而且回家还会被亲朋好友问：

“啊，你不是说今年春晚有你？”

我带去了很多表演视频。

导演组看了我变汽车、飞机的魔术，觉得还行，刚开始有考虑让我变大魔术。但后来又看了我在台湾做的《魔星高照》节目，是近身魔术，他们认为这才是春晚要的。

这个想法我很喜欢，我一直希望近身魔术能够登上舞台发扬光大。

这期间，我为春晚设计了不少节目，结果被拿掉了，因为感觉沉闷，不适合春晚的气氛。

对最终上场的三个节目，我也很得意。

硬币入玻璃杯是第一次表演。戒指进鸡蛋是第二次，这个节目是我自己编创的。

在彩排的过程中，我有些忐忑。还出了次纰漏，一次摄影机居然不小心把我所有的道具都给照出来了，惹得台下笑声连连。

彩排中看到很多不错的节目被毙掉了，感觉像在战场上冲锋，不知道下一次中弹的是不是自己。

不到直播前最后一秒，不知道到底能不能上。

凡是上过春晚的人都知道它的残酷。

2009春晚，周杰伦表演了4分钟。

成龙、陈奕迅、容祖儿合唱了3分钟。

纵贯线团体唱了3分钟……

而我，表演了八分半……

八分半！

没有想到上完春晚会这么火！

后来，很多人问我，为什么在这场表演中，我的双手要涂上这么多闪亮亮的“润滑油”？

那是汗啦！汗！我不可以紧张到冒手汗啊？

春晚是我一直的梦想，终于实现了！

之前要面对的观众最多1万人，这次有十几亿观众，都在盯着我的双手，让人热血沸腾。

但我最得意的不是自己有多红，而是——

让近身魔术登上了大雅之堂！

到底什么是近身魔术？

它不是特异功能，不是跑江湖骗人的把戏，也不是穿着燕尾服从帽子里变出兔子的惯用模式。

近身魔术，讲大白话，穿正常人的衣服，表演震撼人心。

以前有人认为近身魔术不登大雅之堂，我改变了这个看法。

鸡蛋里的戒指

但喜悦的心情还没结束，烦恼也就接踵而至了。

之前虽然做好了艺人红了绯闻就多的心理准备，但是每天有关于我的新闻不绝于耳。

有老东家炮轰我成名后耍大牌。

有大嘴爆料我曾借毒品缓解压力……

有同行指责我“偷”魔术。

一时间，妄加非议声不绝于耳。

真忍不住要爆粗口了！难道观众都是没脑子的吗？

按照常理来想想，我有可能不跟某台续约只因为“上了春晚后，电视台高层没来跟我打招呼，没主动涨价”吗？这一招已经不新鲜了。早在八十年代，台湾那边的女星红了后，就被这样造谣的！

我有可能授权电视台公开播放我针对专业魔术师所制作的教学DVD吗？

我有可能认为电视上播放魔术揭密是推广魔术的行为吗？

我有可能提出“配车配房子”这种愚蠢又荒谬的要求吗？

……

至于什么“魔术垄断”，“拒绝跟其他魔术师同台”，“只会表演近景魔术”，“只会表演180种魔术，在某卫视中已经表演掉了150种”，“不知名的刘谦徒弟评价师父”，“不知名的刘谦好友叙述刘谦”……

这些如同笑话集锦一般的言论，竟然一本正经地被登在报纸或新闻上！

真是不可思议。

我理解言论自由，也理解嘴巴长在你脸上，你爱讲什么，或爱吃什么那是你的事。

但是人类是有思考能力的动物。

要指责或攻击别人，那也请拿出证据来才够看，才算有点大脑。若是说话没有根据，不经大脑，那么只能让人怀疑你没有正确地使用你的嘴巴。说出来的话是那么不堪，那吃进去的东西便可想而知。

历史上，宋朝和明朝有两位爱国英雄，一位姓岳，一位姓袁，因为相信了这句话，相信自己问心无愧，相信即使不为自己辩解，老天爷也会给他一个公道，结果这两位老兄的下场很郁闷……诛九族。

前几年一位香港著名影星，在当红的时候被人恶意中伤，他也相信了这句话，认为自己问心无愧，结果在香港被众人唾弃得几乎活不下去，最后只好远离自己居住的地方……

短短两个月，让我看到太多人性丑恶的一面，让我了解到“谣言止于智者”根本就是一句笑话，许多谣言与攻击，你越不去响应，越会被认为是好欺负。

所以现在我开始回击。

小时候，应当是我去倒垃圾而经常忘记，爸爸就提醒我一次。如果我置之不理，就给我一个期限。如果我无视这一期限，那么——爸爸就要不动声色地把垃圾倒在我的床头。

一次这样的教训，要比千言万语更能让我明白“职责”的意思。

斩钉截铁地说话。即使是在可能会显得有些唐突的场所，毫无拘束地对服务员、售货员、陌生人、秘书、出租汽车的司机说话，对蛮横无礼的人以牙还牙。你必须在一段时期内克服你的胆怯和习惯心理。你必须心甘情愿地迈出这第一步。记住：千里之行始于足下。

不再说那些招引别人欺负你的话。“我是无所谓的”，“我可没什么能耐”，或者“我从来不懂那些法律方面的事”，诸如此类的推托之辞就像是为其他人利用你的弱点开了许可证。当服务员合计你的账单时，如果你告诉他你对计算一窍不通，那你就是暗示他，你不会挑什么“错儿”的。

对盛气凌人者以牙还牙。

当你碰到吹毛求疵的、好插嘴的、强词夺理的、夸夸其谈的、令人厌烦的，以及其他类似的欺人者，冷静地指明他们的行为。

你可以用诸如此类的话声明：“你刚刚打断了我的话”或者“你埋怨的事永远也变不了”。这种策略是非常有效的教育方式，它告诉人们，他们的举止是不合情理的。你表现得越平静，对那些试探你的人越是直言不讳，你处于软弱可欺的地位上的时间就越少。

告诉人们，你有权利支配自己的时间去做自己愿意干的事。从繁忙的工作中或是热烈的场合中脱身休息一下是理所当然的。把你支配自己休息和娱乐的时间视为是无可非议的，这是不容他人侵犯的正当权益。

敢于说“不！”它摒弃了那种支支吾吾的态度，它容易给人造成误解你的空子。

和隐瞒自己真实感受的绕圈子的话相比，人们更尊重那种不含糊的回绝。同时，你也会更加尊重你自己。

不要为人所动，并因此对自己所采取的果断态度感到内疚。如果有人对你作出受了委屈的表情，向你说好话，许给你好处或是表示生气时，你不要感到不好受。一般来说，你过去已经教会他怎样欺负你，对这样的人这种做法你是不大知道该如何反应的。在这种时候，你要站稳脚跟。

是你教会人们怎样对待你的。

如果你把这一条当做指导你生活的

原则的话，你就能够自己解放自己了。

先说董卿，我觉得这女生好可怜，莫名其妙地被卷了进去。

当牛人网友贴出刘谦春晚表演的魔术分解图时，也爆出了董卿在魔术表演过程中说的一句“是有戒指的那颗吗”？让整个魔术穿帮。

本来网上的传言我并不想过多计较，可是看到越来越多离谱的说法，实在沉不住气了。

事情实在有越来越夸张的迹象。

此前有网友曾猜测“董卿就是刘谦的托儿”。不少网友认定，戒指是早就放进鸡蛋中的，也就是说鸡蛋是特制的，而董卿从手上摘下的戒指并非最后从鸡蛋里夹出的那枚。

“将视频音量调到最大，可清晰地听到刘谦让董卿选蛋时，董卿拿开话筒，小声问刘谦是有戒指的那颗吗？”有网友表示，“因为董卿的一句话，让魔术穿帮了。”

这句话到底是谁编出来的？为什么那么多人能够信誓旦旦地说自己听到了董卿说这句话？

当时主持人说的话仅仅是“那……那戒指呢？”

而之所以会讲这句话，原因是因为我的表演动作跟顺序都与彩排不同，所以董卿怕我出错才确认的。

我们之前有彩排过，她知道我会将戒指放进鸡蛋中，但是不代表她是托儿。

事情就这么简单！

这个魔术自己曾经表演过，方法百分之百自创。

即使网络上流传着多种破解魔术之法，至今仍没有人能对这个魔术做出正确的解答。

3
完美和不完美

干脆和几个朋友把网络上所有的春晚魔术节目揭密看了一遍，一面看一面笑。

这些猜测对职业魔术师来说，真的是太有娱乐性了！

到目前为止所看到的解答之中，想法包罗万有，简直不可思议。

但是仍然没有人做出正确解答。

不过值得庆幸的是，这些跳出来揭密的上百人当中(有上百个帖子，不知道有没有上百人)，没有一个是职业魔术师或资深爱好者，这真的让我深深佩服国内魔术师的专业素养与操守道德。

我相信，专业的魔术师或许可以猜到整场春晚的魔术是怎么办到的，但是没有一个人出来真正揭密。

这让我很感动。

魔术师们的团结，才能够让这门艺术走得长久，发扬光大。

对于某些电视台为求收视率播放魔术解密的行为。我表示强烈的不满。

难道尊重不是互相的吗？

难道所有的人都只能看到台上的风光，而看不见台下的艰辛吗？

人们都说魔术师的手快，其实魔术师的手和其他人的手相比也没什么特殊的。重要的是时机。

就拿小沈阳来说好了，讲笑话跟变魔术一样，最重要的一点，就是时机的掌握，在对的时机做(说)了正确的事，那魔术才会神奇，笑话才会好笑。其中往往只差一两秒钟……（再补充一句，在这里，我真的打从心里认为，小沈阳时机掌握得真好，不愧是名家弟子。）

可这一两秒钟，却——需要多年的经验以及精密的安排才能够计算准确！

想知道魔术师的生活吗？

曾经有一个八月，有十五天我不在台湾。我出了四次国。

这31天之中我只有1天放假(就算放假脑子也在工作)。

大量的表演内容需要构思跟练习，但是没有时间……

所以我一边上厕所一边练习，一边吃饭一边写笔记，以至于消化不良又便秘……

我累积了大约三万封Email没有看……

电话没缴钱被停话……

信用卡没缴钱被停卡……

我所有朋友觉得我人间蒸发准备去报警……

讨厌我的人因为我生死未卜而暗暗偷笑……

然后——

我的助理太过劳累视网膜剥离没时间去看医生却很豪迈地说没事；

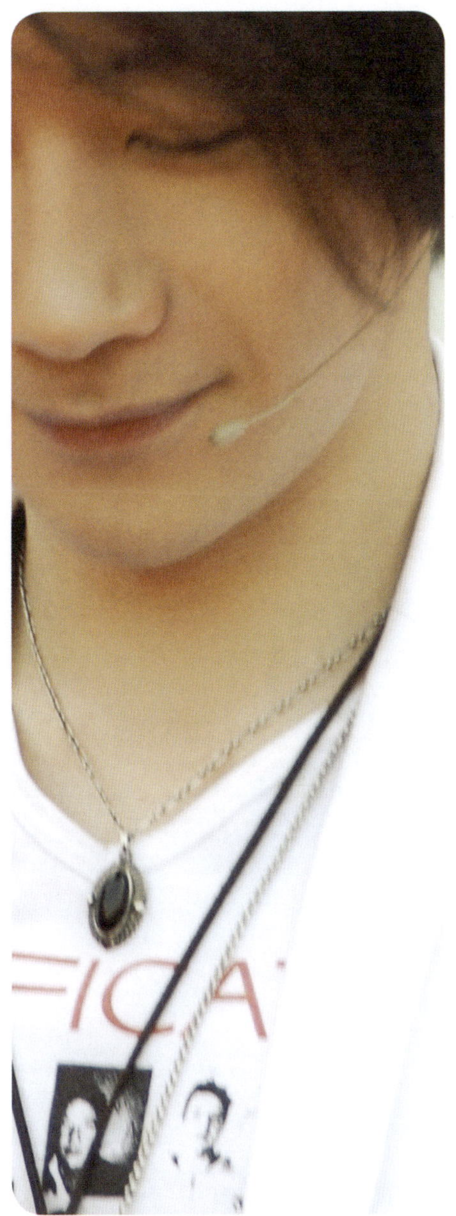

眼镜断掉没时间去买只好用透明胶带自己贴起来每天被人笑!

太久没回家以至于他妈妈叫他"永远不用回家",

女朋友跟他说:"你去跟刘谦在一起好了!以后不用来找我!"

而就在那个八月后。

我在日本获得"年度最佳近距离魔术师(The Best Close-up Magician of The Year)"称号。

很开心,因为这不是一个要经过比赛才获得的荣誉,而是经过一大堆职业魔术师票选等一大堆流程评选出来的,之前得过这个奖的还有Cyril啦、Dr.LEON啦、前田知洋啦这些日本一流魔术师。

而这是第一次将这个奖项颁发给外国人。

所以当然很开心啦!

说了这么多,只是想告诉大家。我是一个完美主义者。

不允许自己出任何纰漏,只有一个个不失手的小成功才会换来更大的成功。

而所有站在舞台上的"艺术家",为了那一刻的"完美",不知道背地里付出了多少"不完美"的时光!

所以,我想大家应该理解我为什么这么生气。

这所谓的魔术解答,根本是在伤害这个行业中,前人智能及心血的结晶,也伤害了观众欣赏魔术的乐趣。

更伤害了靠这些表演生活的艺术家!

我为这种行为感觉到遗憾与悲哀。

魔术需要创新,正如科技需要进步一样。

但创新,不是毁其根本,也不是揠苗助长。魔术的创新,需要通过魔术从业者的思考、创作来一一付诸于实践,而不是伤其筋骨、挫其元气。

我们的快乐我们自己守护,我们的梦想我们自己去追寻,请不要越俎代庖,以我们的梦想之名行我们所不取之事。

最快乐的时光

那么，魔术需要解答吗?

记得2003年，我在拉斯维加斯表演的时候，来了很多世界各地的魔术师，其中一个表演自己创作的硬币，表演完后全场的人都傻掉了，因为从来没见过。

当魔术师要解释的时候，大家拒绝听，我也一边捂着耳朵说“我不要听我不要听”跑开了。因为要的就是那种神奇的体验。

真正的魔术师是不想知道魔术怎么表演的。后来，我们虽然学会了，但是始终觉得最快乐的是见证奇迹的那一刻。最近弄到了一些非常古早的魔术影片，其中有许多非常珍贵的内容，包括了我心目中的超级偶像兰斯·波顿(Lance Burton)19岁时，生嫩青涩的舞台演出模样。还有戴维·考柏菲还不是现在的戴维·考柏菲时的影像纪录。

在这些影片之中，让我最震撼及感动的，就是三十年前，已故的魔术大师道格·汉宁（Doug Henning）在百老汇所做的大型魔术秀“意乱情迷”。

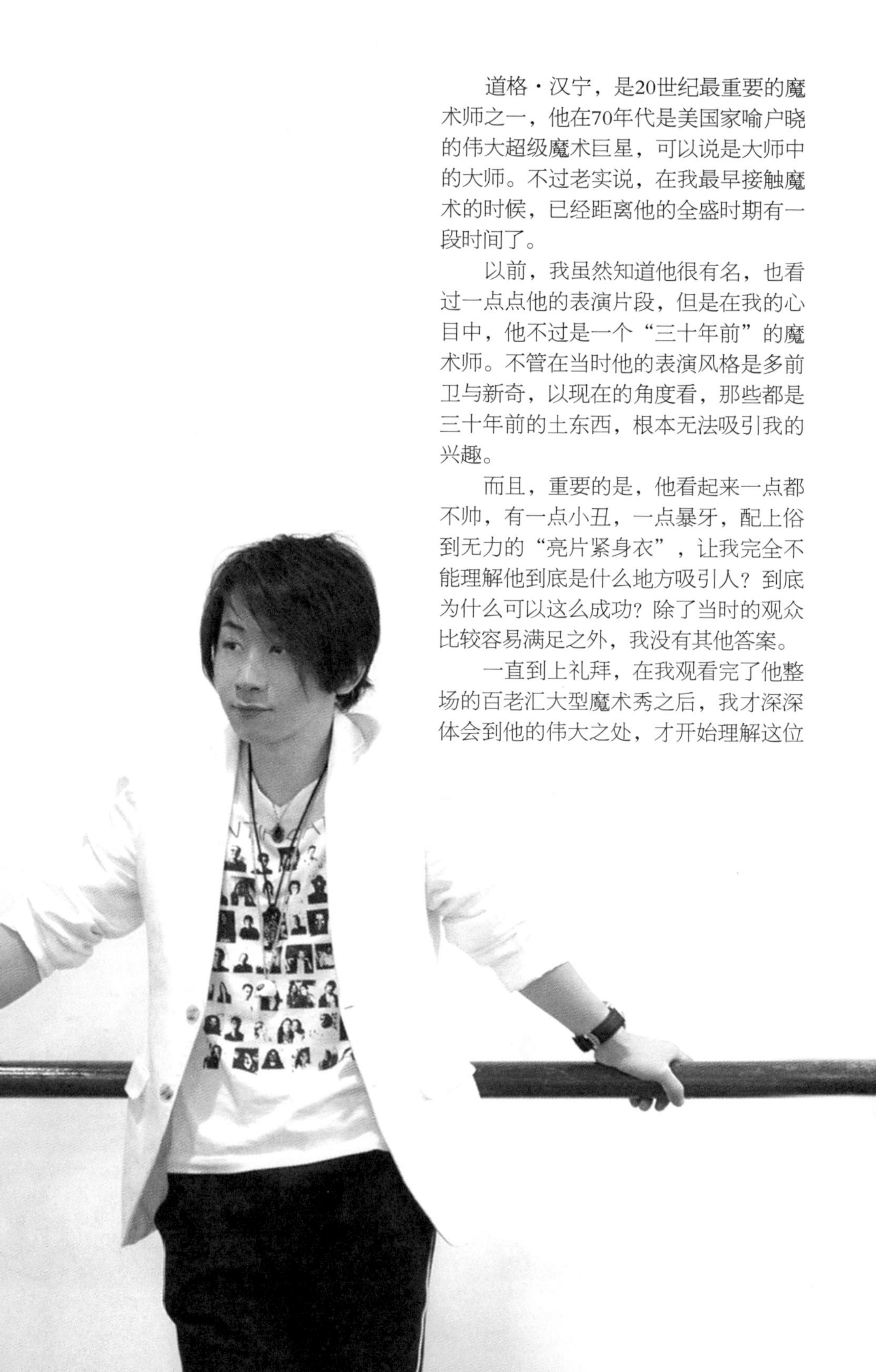

道格·汉宁，是20世纪最重要的魔术师之一，他在70年代是美国家喻户晓的伟大超级魔术巨星，可以说是大师中的大师。不过老实说，在我最早接触魔术的时候，已经距离他的全盛时期有一段时间了。

以前，我虽然知道他很有名，也看过一点点他的表演片段，但是在我的心目中，他不过是一个“三十年前”的魔术师。不管在当时他的表演风格是多前卫与新奇，以现在的角度看，那些都是三十年前的土东西，根本无法吸引我的兴趣。

而且，重要的是，他看起来一点都不帅，有一点小丑，一点暴牙，配上俗到无力的“亮片紧身衣”，让我完全不能理解他到底是什么地方吸引人？到底为什么可以这么成功？除了当时的观众比较容易满足之外，我没有其他答案。

一直到上礼拜，在我观看完了他整场的百老汇大型魔术秀之后，我才深深体会到他的伟大之处，才开始理解这位大师中的大师到底为什么能让他的观众留下如此深刻的印象。

在这一个半小时的表演中，我感觉到了前所未有的梦幻感受。不但节奏及流程的安排流畅，道格·汉宁本人的亲和魅力简直无与伦比。最重要最重要的，我第一次感受到一场魔术表演，是如此地“用心”。

真的用心。可以说我从来没有看过一场魔术表演是如此地“诚心诚意”。

我仿佛可以看到道格为了要娱乐他的观众，花了多少心思，费了多少时间，只为了要让观赏的人露出满足的微笑。

没错，从开始到结束，我几乎是带着温暖满足的微笑欣赏的。

他的一句“欢迎来到我的魔术世界”，真的就好像带领了所有的观众进入了另一个梦境世界一般。即使是我，跨过了三十年的时空，透过电视机屏幕，一样被他的表演唬弄得如醉如痴，目眩神迷。

反观现代的魔术师，或许是我的偏激，总感觉他们重视自己酷不酷炫不炫红不红这些事情，远远超过了重视观众的感觉。

为什么所有新闻都针对刘谦红不红，红了以后会怎么样，而少有人说喜欢刘谦的哪个魔术，希望刘谦在表演时可以如何改进？

……

我觉得这是所有的同行都该反省的事情。

FISM国际魔术大会三年举办一次的国际魔术比赛，被世界各国魔术界公认为国际魔术奥林匹克。如果北京奥运会是中国人的百年梦想，那么说FISM2009是中国魔术师的百年梦想，相信也不为过。

无论是Olympic Games还是FISM，一场国际性盛会能够在中国举行，身为中国人的我们究竟有多自豪和骄傲是难以用言语表达的。

某卫视的魔术揭秘，不仅令国人难堪，此情此景

更会让众多世界知名魔术师愤懑和失望。

想起2008年奥运会的开幕式，同样是某国外电视台提前曝光了开幕式演出细节而被全世界人民和媒体同行所不齿，最终奥委会剥夺了其奥运会直播权。那么这次呢？

“人必自侮，然后人侮之；家必自毁，而后人毁之；国必自伐，而后人伐之。人必其自敬也，然后人敬之。”

每个表演者都希望有更大的舞台来施展自己，但加诸在头顶的光环是通过自己努力来争取的，不能用旁门左道以损人利己为目的。

也许对于那些魔术，你可以还原甚至重现，可那台下的掌声、那份给观众带来的惊奇与快乐，也能如此还原吗？

Panorama of Magic

大师的障眼法

1.穿越长城

美国超级魔术大师科波菲尔表演的魔术——穿越长城，长城是中国人民智慧的结晶，魔术师是不可能采用钻洞、挖墙来达到魔术神奇的效果，唯有采用魔术的障眼法。

让我将这套魔术的表演过程描述一下，也许你可能明白一二。

魔术师从木梯登上一个靠墙的舞台，四周立刻围上白布，灯光起，白布上出现魔术师的身影，这时木梯悄悄地移掉，通过大吊车吊到长城另一边，在魔术师从长城钻出来后，木梯靠上去，魔术师从木梯下来。

注意我为何大量描述木梯呢？

其他我不说了，你明白了吗！

在魔术师的戒条里，其中一条是“不在表演前说出魔术效果”。可是也有一些例外，比如穿越长城这个魔术，一开始就把“穿越长城”这个魔术效果公之于众，从而给予观众“穿越”这样的暗示，所以在表演者经过一系列的障眼法抵达长城另一端的时候，大家都会大呼神奇，因为他们已经将“穿越”这个暗示深入骨髓了。这样刚好印证了之前我说的，魔术师欺骗的不是你的眼睛，而是你的心。

注意：

萨斯顿三原则

（Thurston's 3 rules in magic）

1.魔术表演之前绝对不透漏接下来的表演内容。

2.不在同一时间、地点对相同的观众变同样的魔术2次。

3.魔术表演过后，绝不向观众透露魔术的秘密。

不管你是爱好者也好，是职业魔术师也罢，只要你在表演魔术，那么你就是在传递给观众不可思议的视觉快乐。表演者有责任也有义务遵守魔术师的戒条，一如医者遵守希波克拉底的宣言一样。这是职业道德，与个人喜好无关。

诚然，魔术师也要面对市场、面对生存。

如果仅靠复制别人揭秘魔术来讨生活的话，那么其职业生命是不会很久的。众所周知，影子的存在需要三个条件：光源、物体、光屏 。

总是站在别人的身后，如何能真正寻找到自己？观众爱的是光芒四射的舞台，谁会记住镜子里模糊的倒影呢？

The taste of ice cream

谦谦之道五

生活中是有完美的，
那就是一个个完美的细节。
细节准确、生动可以成就一件伟大的作品，
细节的疏忽会毁坏一个宏伟的规划。

第五章
冰激凌的滋味

1 适合的就是最好的

上帝在这世界上的确做了一些巧妙安排。
其中最巧妙的事情之一，就是让这世界上出现了
“适合”与“不适合”这两种现象。
为什么西瓜跟番薯一起吃不适合？
为什么炸酱面跟布丁一起煮不适合？
为什么白袜子跟拖鞋不适合？
为什么刘德华的鼻子长在我脸上不适合？
为什么阿扁当总统不适合？
不适合的东西，硬要放在一起，怎么看都怪。
换句话说，适合的东西放在一起，怎么看都对。
上帝创造出了平衡的美感。
热狗跟西红柿酱是如此适合；
牛仔裤与球鞋是如此适合；
阿曼尼西装在严凯泰身上是如此适合；
华航的飞机跟火焰是如此适合；
金城武的眼睛跟金城武的鼻子是如此适合……

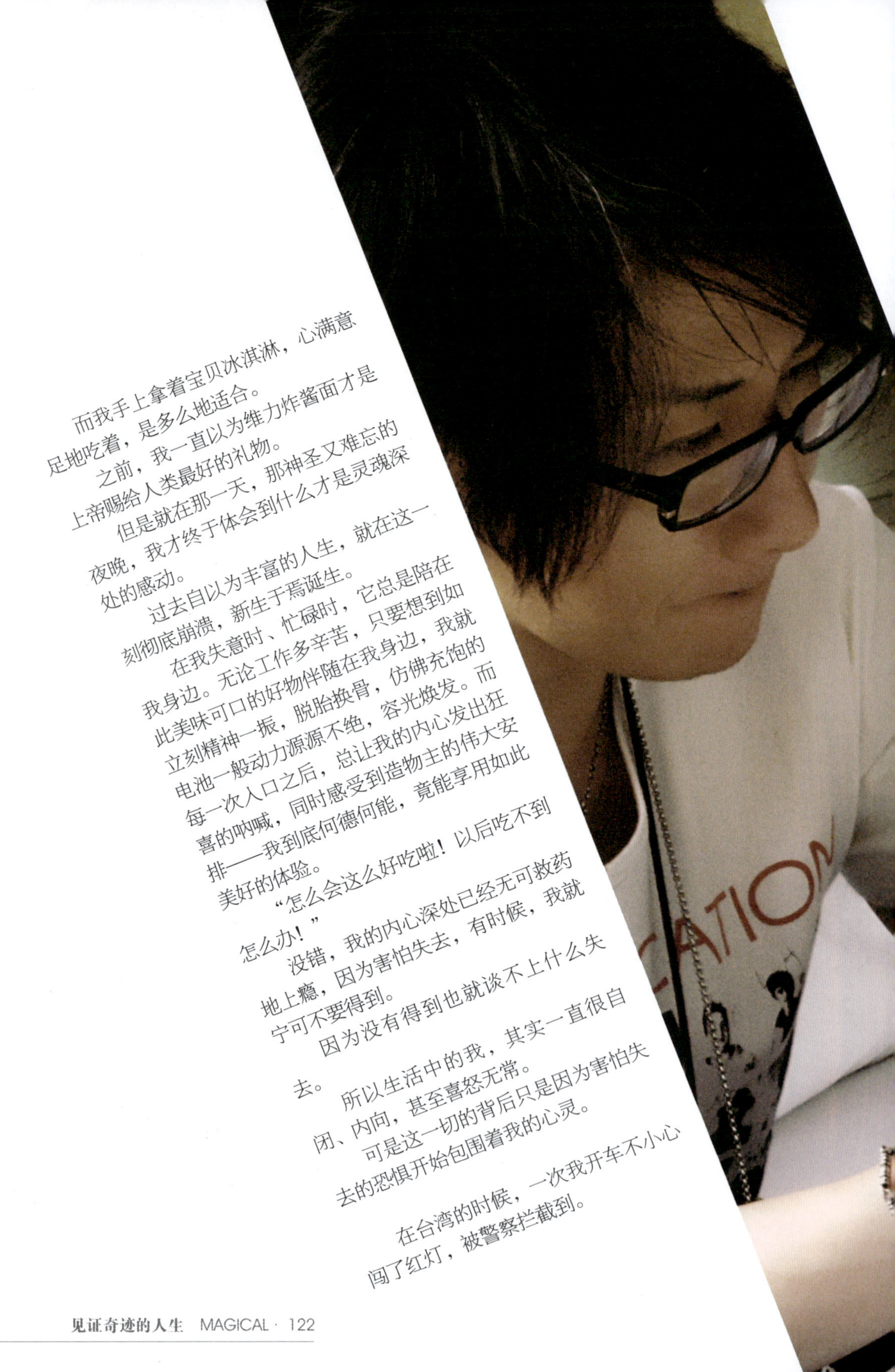

而我手上拿着宝贝冰淇淋，心满意足地吃着，是多么地适合。

之前，我一直以为维力炸酱面才是上帝赐给人类最好的礼物。

但是就在那一天，那神圣又难忘的夜晚，我才终于体会到什么才是灵魂深处的感动。

过去自以为丰富的人生，就在这一刻彻底崩溃，新生于焉诞生。

在我失意时、忙碌时，它总是陪在我身边。无论工作多辛苦，只要想到如此美味可口的好物伴随在我身边，我就立刻精神一振，脱胎换骨，仿佛充饱的电池一般动力源源不绝，容光焕发。而每一次入口之后，总让我的内心发出狂喜的呐喊，同时感受到造物主的伟大安排——我到底何德何能，竟能享用如此美好的体验。

“怎么会这么好吃啦！以后吃不到怎么办！”

没错，我的内心深处已经无可救药地上瘾，因为害怕失去，有时候，我就宁可不要得到。

因为没有得到也就谈不上什么失去。

所以生活中的我，其实一直很自闭、内向，甚至喜怒无常。

可是这一切的背后只是因为害怕失去的恐惧开始包围着我的心灵。

在台湾的时候，一次我开车不小心闯了红灯，被警察拦截到。

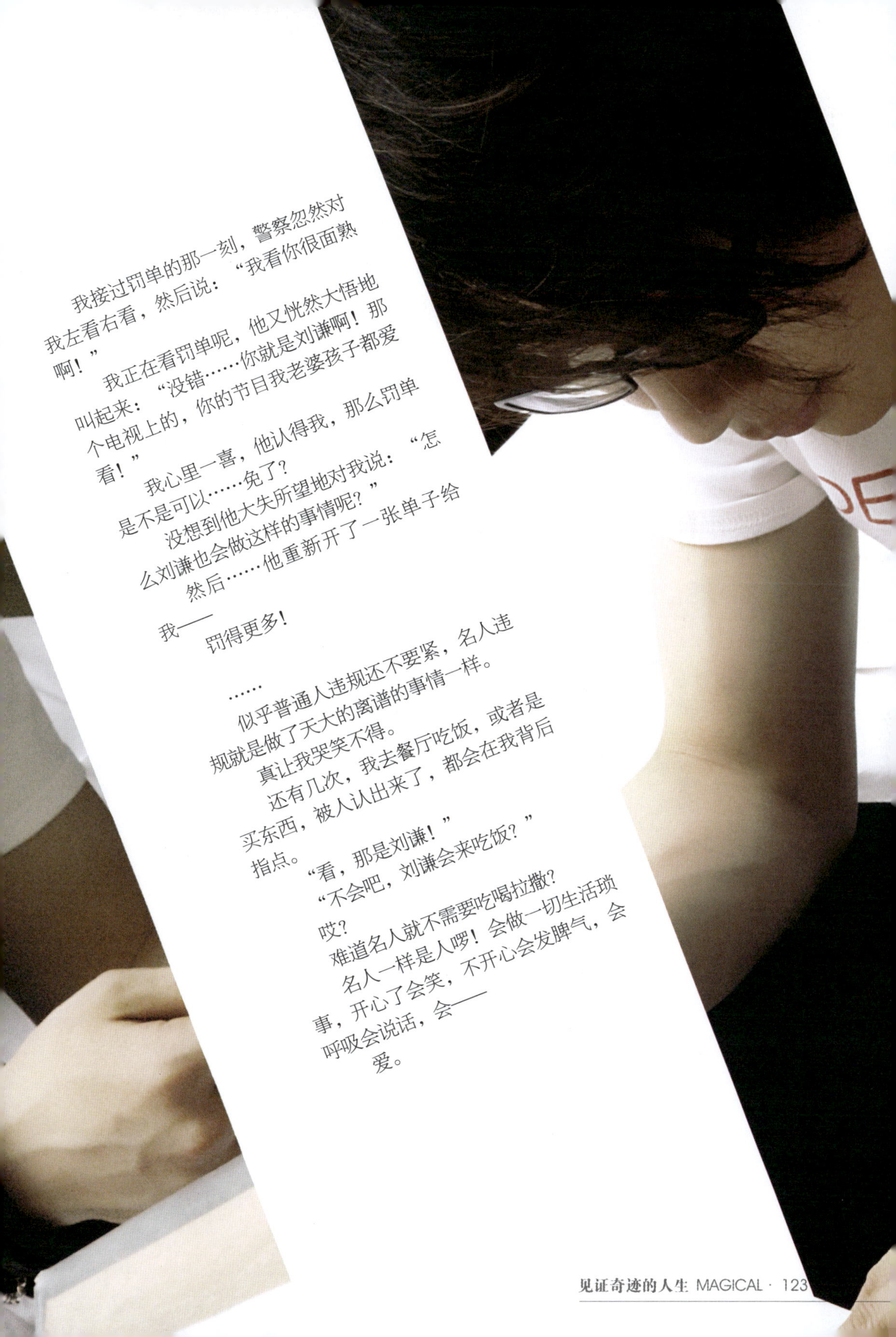

我接过罚单的那一刻，警察忽然对我左看右看，然后说：“我看你很面熟啊！”

我正在看罚单呢，他又恍然大悟地叫起来：“没错……你就是刘谦啊！那个电视上的，你的节目我老婆孩子都爱看！”

我心里一喜，他认得我，那么罚单是不是可以……免了？

没想到他大失所望地对我说：“怎么刘谦也会做这样的事情呢？”

然后……他重新开了一张单子给我——

罚得更多！

……

似乎普通人违规还不要紧，名人违规就是做了天大的离谱的事情一样。

真让我哭笑不得。

还有几次，我去餐厅吃饭，或者是买东西，被人认出来了，都会在我背后指点。

“看，那是刘谦！”

“不会吧，刘谦会来吃饭？”

哎？

难道名人就不需要吃喝拉撒？

名人一样是人啰！会做一切生活琐事，开心了会笑，不开心会发脾气，会呼吸会说话，会——

爱。

2 大阪湾的爱情

成名后，自然少不了感情生活被曝光。与其胡乱猜测，连累一些无辜的女孩被卷进谣言，不如我自己来诉说。

“刘谦到底有没有女朋友？”可以说有，也可以说没有，就像表演魔术一样雾里看花。

其实爱情无非就是某个瞬间的意乱情迷。

我一直相信，爱是一个瞬间一个瞬间堆积起来的。

可是如果你不去捕捉那一瞬间的心动，它就很快像风一样从你指缝里溜走了。

所以圣经上都说：爱如捕风。

当时我并没有多想。

我是一个全身心都贯注在魔术上的人，所以大学时候一直没恋爱，总觉得感情对于我来说从来如同旁枝，做好魔术才是正经的。

如果有缘，将来真的举行婚礼，那我一定要让我的新娘以魔幻的方式出现，这样的婚礼才更有魔力。

只能说，很多时候都是偶然的，很多事情并不是不想去争取，而是我总是觉得事业还没有成功不想谈论婚姻问题，因为婚姻会削弱我的魔力。

如果有缘，将来真的举行婚礼，那我一定要让我的新娘以魔幻的方式出现，这样的婚礼才更有魔力。

当然，在最近网络上关于我的绯闻里，也提到了我和某某拍拖什么的，对此我也抱着一笑而过的态度。只是不愿意伤害到人家女生，如果和一个女生吃饭或者喝饮料就是拍拖的话，那我不知道拍拖过几个了。

呵呵。

我喜欢聪明和安静的女生。

对于魔术师刘谦来说，女友能有安静的性格是最重要的。

因为自己在思考的时候希望她不会在旁边吵闹，要够细心和会察言观色。

性格太活泼的女生恐怕会和我冲突。

不过感情从来没有章法可谈。

一切随缘吧。

3 感情的“惊喜”

当然，人除了爱情，还有其它的很多感情，比如亲情，友情，或者师徒之间的情感。

我有很多老师，在上节目的时候我提过三位，第一位就是那个店员了。呵呵。

高中的时候碰到第二个教我的前辈，现在已经去世，但我一直很感激他。

第三个是电视节目制作人。大家也许奇怪，电视节目制作人当魔术师的老师?

事情是这样的啦。

他不会魔术但是做魔术节目很多年，很融会贯通。

他，教了我商业化和走向大众。

他并且是我的经纪人，在我迷惘的时候给我指导。

他就是——

何晃杰啦!

至于好友，陈冠霖经常骂我脸臭臭的。

其实和他在一起很有趣，我们互相都“受不了”对方。

我是个散漫的人，常常一到某个地方东西就随手一扔，然后助理在后面帮忙捡，陈冠霖最常捡到的是我的手机，有时候藏起来，等我真的要找手机的时候，他就说给你一个惊喜。

这样玩多了，一次我真的丢了手机，我第一反应就是找到他问：“这次真的不要闹了，赶快把惊喜还来给我。”

他说：“不是我干的！”

“快还给我，别装了！”

……

我就一直盯着他说赶快拿出来，追了他一个礼拜，一个礼拜之后才确定我是真的弄丢了。

还要强调，我庆幸的是，我有开明的父母。

我的父母不知是望子成龙的思想并不那么严重呢，还是他们对孩子的爱好有着特别的宽容之心，反正，他们竟然让我在这条“旁门左道”上一直往前走。

我在内地的时候，经过接触和了解，发现当父母的大都希望孩子成龙成凤，而成龙成凤的首选即是步入仕途。在不少父母看来，孩子的爱好如果与仕途无关，那么不论他爱的是什么，都要被归入“旁门左道”的范围。

所以无数的孩子只好抛弃自己的爱好，硬着头皮在那里按照父母的意愿苦读。

弄到最后，他们既难以在应聘公务员的激烈竞争中成龙成凤，也没有一技之长在平常的工作中大显身手。

父母们应该知道，他们把孩子的与仕途无关的爱好打入“旁门左道”，并进行百般阻拦，那实际上是在扼杀孩子的未来，是在葬送孩子的天赋。

要知道，表现在孩子身上的那种特别痴迷特别固执的爱好，往往就是孩子的天资和特质所在，也往往是孩子的事业与职业的发展方向。

对于孩子的爱好，只要不是罪恶与邪恶的，哪怕再不可思议，父母也应该给予必要的尊重。历史上，该有多少名人和明星，他们辉煌的事业都起步于他们小时候迷上的“旁门左道”。

可以说，身为父母，只要能够以宽容的欣赏的心态，对待表现在孩子身上的那种让自己难以理解难以接受的爱好，他们就已经是在为孩子创造非常不错的成长成才环境了。

所以我要衷心地感谢我的父母，没有他们的理解和支持，也就没有我的今天。

IDENTIFICATION

4 生活中的白痴

台前幕后，我觉得自己又像一个双面人。台下我内向，台上我求好心切，对与表演有关的一切细节问题都亲力亲为。

我自己置办行头，服装、配饰都是自己搜罗的。

我爱惜双手，即使接受采访，也戴着黑手套。有个女同事，她说一直很想骂一句我——“你可不可以不要那么讨人厌啊！”

工作上我是很讨人厌的。

巨蟹座的人是完美主义者。在我的字典里，交代要准备的东西是无可替代的，因为缺了那些东西，魔术就不神奇了。

对脸部护肤也很有心得，经常做面膜。

或者有朝一日可以像大S那样写一本《刘谦美容随笔》。哈哈！

我喜欢看电影，看漫画，还爱吃辣。电影方面，不大看爱情文艺片，最喜欢欧美娱乐刺激类的电影，比如恐怖片、惊悚片。

我讨厌听到电话铃声。

一直喜欢把手机调在振动，后来有传言说我红了以后不接电话什么的，其实谁都知道，电话又不可能24小时不离身，而且调成震动容易接不到。

和我合作的人，都说我的完美主义只发挥在工作上，但生活上就是白痴一个。

呵呵，我就是典型的生活白痴。

前面说过丢手机，其实岂止是手机，眼镜、手套、外套、手机、钱包……

总是可能莫名其妙就消失。

根据物质不灭定理，东西是不会消失的。

那么……

天知道，它们去了哪里？

一次，我到湖南录制《魔幻达人》。

录完影，我找不到眼镜了……

高度近视的我啊！

居然以“眼盲心不盲”的精神，一直撑到台湾才重见光明。

到了机场，又因为地勤人员都抢着跟我合照。

于是忙乱下，我忘记去传送带那里拿背包了……

结果到香港转机时，才发现身上既没护照也没有钱，被迫滞留在机场两天。

……

我本来就是一个普通的人。

我想，大家在看到我这些“家丑”时，没准会会心一笑——每个人都有缺点，所谓完美，也就是没有最好，只有更好。

如果一定要最好的。

那么，每一次、每一个细节上，适合你的就是最好的，比如我的宝贝冰激凌！哈哈！

浩瀚的大海是由一滴滴水融会而成的，茂盛的森林是由千百棵树连接而成的。

骄人的战绩更是由无数细小的成功凝聚而成的，让我们把握生命中的细节，酝酿过程中的细节之美。

密斯·凡·德罗是20世纪世界四位最伟大的建筑师之一，在被要求用一句最概括的话来描述他成功的原因时，他只说了五个字——“魔鬼在细节”。

他反复强调的是，不管你的建筑设计方案如何恢弘大气，如果对细节的把握不到位，就不能称之为一件好作品。细节的准确、生动可以成就一件伟大的作品，细节的疏忽会毁坏一个宏伟的规划。

Panorama of Magic

神出鬼没的一杯水

表演者拿起一个纸杯，从一个大玻璃杯往纸杯里倒水，将纸杯中的水再倒回一点到玻璃杯。以表明这一切都是真的。然后把纸杯放进一顶帽子，帽子事先已作过交代。

突然表演者想起什么来了，他从胸袋里摸出一个装水果的纸袋，把纸袋交代清楚，小心地从帽子里拿出纸杯，放进纸袋里面，将纸袋上面提住，用双手慢慢把它捏成一团，没有漏出一滴水来，接着把纸团塞进裤袋里。

表演者对观众说，他要把弄皱了的纸杯连同消失了的水重新变到帽子里去，说着从裤袋里拿出捏皱了的纸袋，并将它扔进帽子里。

这时，表演者故意装作在往帽子里看，并把看到的情况——纸杯如何在复原——告诉观众，然后以很慢的动作，用食指和拇指从帽中取出复原了的纸杯和水，把水倒回大玻璃杯。

用手指夹住帽沿，将帽子翻倒过来，倒出来的只有弄皱了的纸袋。

帽子是空的，不妨展开纸袋交代一下。作为道具的帽子可向观众借，因为帽子是不做过门的。

但纸杯是经过处理的，实际上有两个纸杯，其中一个纸杯的底被剪掉，将这无底杯放进另一个杯子。此外再准备两个同样的水果纸袋，将其中拿出个事先捏皱后放进裤袋。再准备一个有把的大玻璃杯，杯中盛水，把水倒入两个叠在一起的纸杯，将纸杯放进帽子。

这时不要马上把无底杯拿起来，否则观众会怀疑；既要拿出来，何必放下去。因此表演者故意装出想起来有个纸袋，把它拿出来向观众出示，然后再去拿出无底杯，小心翼翼地将其放入纸袋，一下子把纸袋弄瘪，放入裤袋。同样也不要马上把预先放着的纸袋拿出来。

因此表演者最好跟观众说几句话，接着拿出空纸袋，扔进帽子。

以后的过程已不言而喻，不必赘述。

魔术其实和作文非常相似，也讲究一系列的起合承转，经由开端，发展，高潮和结束几个环节，一步一步铺垫而来。

一篇感人的文章一定是将饱满的情绪渲染到极致的，而一个精彩的魔术也一定是借由魔术师的表演，把观众的情绪从平淡带上高昂的。

魔术不是魔法，不是单纯地凭空让某样东西消失或者出现，而是在魔术师巧妙的渲染下，让观众相信某样东西的“消失”或者“出现”。

所以一个好的魔术师，从某种意义上也是一位出色的作家呢。

Panorama of Magic

火苗穿巾

表演者右手拿着一块纱巾，左手拿着一只启燃火苗的气体打火机，然后他将纱巾往火苗上一挨，火苗即穿过纱巾顶面。

他又把纱巾移来移去，既不曾烧毁纱巾，也没有把火熄灭，颇为离奇有趣。

这是一个小魔术，却是让很多人都叹为观止非常喜欢的魔术，就像之前我说的，观众喜欢的魔术其实就是这种平凡生活中的神奇。人生其实也是这样，不一定只有做大事才是有作为，小事做好了一样可以证明自己，甚至于有时候小事更能反映出一个人的智慧和能力。

有人曾经这样解密这个魔术的手法：

1. 表演前，将气体打火机启燃（火苗大小要适中），然后将纱巾从火苗底部一边切入，并马上用右手来回牵动，这样，纱巾就不会烧坏了。

2. 由于气体打火机的火苗底都是向上浮起的（与其它火苗不同）。故能穿过薄纱巾上面。

因此，只要不断往复牵动纱巾，即可使火苗浮于纱巾上面了。

实际上，魔术是怎么样变出来的并不是关键，关键是是否给人们带来了惊喜的效果。

同理，一件事情的成功并不在于它带来了多少价值，而在于做这件事情的过程中你收获的价值观。

第六章 越简单越快乐

谦谦之道六：

事物的本质往往是简单的，只是人们把它复杂化了而已。
而所谓简单，无非是把心降下一档，
以简明而平易的角度去感受人生点点滴滴的美。
如此，我们便能更好地透视生命的欢愉，更好地接受生活的馈赠。

1 成功并没有你想像的那么难

“劳其筋骨，饿其体肤”“三更灯火五更鸡”“头悬梁，锥刺股”这些都是毅力的代言。但是不容怀疑的是，即使我们这样去做了，我们也不一定会取得成功。即使有人不这样去做，但是也可能取得成功。

2009年春晚前，我虽然没有大红大紫，但也没有遭受过太大的挫折，可谓顺风顺水。

但是春晚后，我几乎“红”到了让我感觉非常不舒服的地步，说这话会被人说矫情，但事实上，我这个人是很孤僻的，表演前一定要把自己关在封闭的环境里面对自己，只有做到了面对自己，才能去面对观众。

红未必是件好事情，除非心灵足够强大。

我没有办法在忙乱或者嬉闹的环境下表演，这阵子对我来说太不能够安静下来专心于工作了，所以那时候我提出了“闭关”。

那一段时间内，我不会接受媒体访问，也不会作任何演出。我需要静一静，让我能平静下来。

有人问是否因为魔术师需要神秘感，不是的，这只是我个人的习惯。

如果你们所说的“红”是指成功。

那么我可以告诉你们，成功并不想你想象的那么难。

1965年，一位韩国学生到剑桥大学主修心理学。在喝下午茶的时候，他常到学校的咖啡厅或茶座听一些成功人士聊天。这些成功人士包括诺贝尔奖获得者、某一领域的学术权威和一些创造了经济神话的人，这些人幽默风趣，举重若轻地把自己的成功都看得非常自然和顺理成章。时间长了，他发现，在国内时，他被一些成功人士欺骗了。那些人为了让正在创业的人知难而退，普遍把自己的创业艰辛夸大了，也就是说，他们在用自己的成功经历吓唬那些还没有取得成功的人。

于是他就对韩国成功人士的心态加以研究。他把《成功并不像你想象的那么难》作为毕业论文，提交给现代经济心理学的创始人威尔·布雷登教授。布雷登教授读后，大为惊喜，他认为这是一个新发现，这种现象虽然普遍存在，但在此前还没有一个人大胆地提出来并加以研究。

Success is not that

Difficult as You Imagine!

后来这本书伴随时着韩国的经济起飞而流传开来。这本书鼓励了许多人。

从一个新的角度告诉人们，成功与“劳其筋骨，饿其体肤”“三更灯火五更鸡”“头悬梁，锥刺股”没有必然的联系。只要你对某一事业感兴趣，长久地坚持下去就会成功，因为上帝赋予你的时间和智慧够你圆满做完一件事情。

后来，这位青年也获得了成功，他成了韩国泛亚汽车公司的总裁。

文章的最后写了一个温馨提示：人世中的许多事，只要想到，都能做到，该克服的困难，也都能自己克服，用不着什么钢铁般的意志，更用不着什么技巧和谋略。

确实“劳其筋骨，饿其体肤”“三更灯火五更鸡”“头悬梁，锥刺股”正是我们中华民族代代相传的名言，被我们的祖辈们一次次用来激励他们的子孙，使得我们代代都认为成功是要踏着血泪的代价来取得的。

与我们国内目前激烈的竞争相适应，我们的父母在告诉孩子要想考取一流的大学，就得吃得苦中苦。为了激励我们的孩子，我们一代代的人脑子里灌输的就是：学习是苦的，工作也很辛苦。

我一直认为人的成功与否与人的毅力有很大的关系，“劳其筋骨，饿其体肤”“三更灯火五更鸡”“头悬梁，锥刺股”这些都是毅力的代言。但是不容怀疑的是，即使我们这样去做了，我们也不一定会取得成功。

即使有人不这样去做，但是也可能取得成功。看看我们身边的人，有多少人朴实而有情趣地经营着自己的生活、工作，在自己的人生领域中小有成就；有多少学生轻轻松松地学习，在学习中寻找属于自己的快乐，而学有所成？

所以，如果你有兴趣一直坚持做一件事，成功并不像你想象的那么难。

我想，只要一个人还在朴实而饶有兴趣地活着，他终究会发现造物主对世事的安排，都是水到渠成的。

VAIO

2

上帝创造的奇迹

我很高兴通过我在春晚的表现让大家重新认识了魔术。

一时间，关于我的议论和谣言很多，当然讨论最多的还是“刘谦为什么这么红”，因为在旧的印象里，魔术师都穿着燕尾服，戴着高脚帽，然后从帽子里抓出了兔子。或者就是穿着可疑的长袍，拿出可疑的箱子，把可疑的美女锯成了两半……

而仅仅靠一个鸡蛋、一个硬币、一根皮筋走红，在很多人眼里看来不可思议吧！

呵呵，不知道你们有没有去过英国？　在英国议会大厦东面有一座85米高的哥特式建筑，其楼顶放置着一座巨大的钟，这便是泰晤士河畔举世闻名的大本钟楼。

钟的设计者名叫本杰明，当年，议员们为钟的取名争论得不可开交，但没有一个名字能取得多数人的认同。后来，一议员随口说了一句：“钟是本杰明设计的，就叫大本钟吧！”闻听此言，不少人嘲笑道：“这是一座严肃的钟楼，日后将是我们的标志性建筑，命名怎么能如此草率？就是给自家花园取名也不至于这么简单吧？”

然而，正是这么一个不经大脑、脱口而出的简单名字，伴随着这座著名的建筑走过了百年的风雨。

大本钟的简单，不仅体现在它的名字上，还表现在调时上。当时，世界一流的瑞士钟表制造商对这种超大型巨钟的准确走时也没有一点儿把握，故而个个退避三舍。最后，还是本杰明大胆地承接下了这项工程——他解决走时不准的方法极为简单，就是在钟摆上放置或取下一枚旧便士。

最美不过“简单”二字，它，就是这么不经意间改变你和我，改变我们这个世界。

有时候，甚至几枚面值最小的硬币，也有它积蓄和增值的特质。

历史上还有一个靠硬币起家的人，那就是弗兰克·伍尔沃思。

他生在农民之家，21岁时，为了逃避艰苦而乏味的农活，他来到纽约，在一家织物店找了一份工作。可每当有顾客走到身边时，生性腼腆的弗兰克都要经受死一般的恐慌。老板穆尔看看这个羞赧的伙计，叹着气说："弗兰克，你是我见过的最没用的店员。你卖出去的东西还不如我每星期花六美元雇用的小孩子卖得多。从商绝对不适合你。"

不过，穆尔先生还是想把他变成一个精明灵活的生意人。一天，他对这个伙计说："弗兰克，看见这块呢绒了吗？还有这把铅笔刀和这块橡皮擦，看见了吗？今天你得把这几样东西一起给我卖出去。"

卖出去？当着掌柜的面，在顾客面前点头哈腰，夸说这些东西品质优良，为一分一厘绞尽脑汁？不，这完全不能想象。弗兰克不无恐惧地想，但是穆尔先生仍那么郑重地捧着这些东西，递到他跟前，看得出他眼里的期望。

他只好想了一个最"笨"的办法，给每样商品贴上标明他预计售价的小纸片，并把所有小件物品都放到桌子上，再补上一张简明的小表格："一律五美分。"

——商品价签就这样诞生了，但在当时，弗兰克还没有意识到这一刻的历史重要性。只是他在内心深处很清楚，这种方法对他、对顾客都是最方便、最简单的：因为目标明确，所以，很容易做出选择。

可是其他人会像他这样想吗？他们会喜欢这样的方式吗？他们当然有可能感到受辱，甚至次日就让他失业。也许正如穆尔先生所说，从商，不是弗兰克的天地。

出人意料的是，顾客们并没感到不适，相反，他们都十分满意。因为明码标价使他们省却了和推销员的口舌之争，数小时后商品销售一空。

“这真是上帝创造的奇迹！”打烊的时候，穆尔先生惊叫了起来。

穆尔先生马上吩咐手下把标价的小纸条做成漂亮的标签，自己又赶忙进了一批小百货，这些标价五美分的小商品又一次卖空了。欣喜之下，穆尔让弗兰克自己担当“五美分商店”的老板，甚至借给他300美元。

于是，弗兰克·伍尔沃思在宾夕法尼亚州的兰开斯特市开了一间小店，很快就有了赢利。

可观的利润让弗兰克的经商愿望一发不可收拾。他考虑，要使商店更上一层楼，只有一种方法，就是开两家店，于是他另开了一家“五美分”的小店，让哥哥来做助手。

1886年，弗兰克已经拥有一个由7家“五美分商店”组成的销售网络。到1895年，“五美分店”的数目已经达到28家，五年之后攀至59家。1919年，它的“小百货王国”已经在全美乃至加拿大、英国拥有1000多家商店。弗兰克本人的财产也达到了600万美元。

1913年，是弗兰克·伍尔沃思最为世人瞩目的一年——他为繁华的纽约街市树立了第一个“摩天地标”。4 月24日，当时的美国总统威尔逊为伍尔沃思大厦剪彩，他按下了电钮，位于百老汇的伍尔沃思大厦内外所有灯光同时点亮。伍尔沃思为修建这座大厦斥资1400万美元，大厦拥有238米的高度，成为当时“世界第一楼”。直至今天，它仍是纽约的标志性建筑之一。

到弗兰克·伍尔沃思1919年去世时，他已经拥有1050家“五美分商店”，总资产6500万美元。对于从农场出来的伍尔沃思来说，这笔用美分积累起来的财富简直可以和古代巨富克罗伊斯相媲美。

他的死并没有影响伍尔沃思销售网的扩张，新店在德国、法国相继开业。直到1998年为摆脱从前“五美分店”在人们心目中留下的印象，公司更名为Venaror Grou，并卖掉了著名的伍尔沃思大厦。

自此，多家伍尔沃思“五美分店”终告关闭。此后，公司还宣布关停其在美国和加拿大的970家商店。

一个三流小店，能发展成为世界上最成功的商业帝国，人们曾有无数个猜想，认为它一定有非常机密的营销方案，而且，也会严严实实地把它隐藏起来，但出乎人们意料，它的制胜法宝只有两个字：简单！

它简单到什么程度？从以下几个方面就能看出来。

第一，不做广告。他把商品摆在货架上，给它们标上明确的价格。“我们的广告就是这一个个柜台和货架，”他在谈到他的品牌的时候说：“一目了然的价格，比任何招牌广告都有说服力。”

第二，员工人数少，为顾客服务的只有一个店员，他得帮顾客迅速包装商品，而且必须面带微笑。他支付给店员的薪水是其他店的1／10，但从不要求他们做其他商店所要求做的那些杂事。他的店员从来不劝顾客买什么、不买什么。主顾都会亲自把自己感兴趣的东西拿到手里，然后到收银台交钱。

第三，商品单调。手纸只有两种牌子，腌菜只有一种，每种商品只提供一种选择，即同类商品中最好的品牌，商品都是能迅速带出店铺的。

第四，不举债经营，除了当年穆尔先生借给弗兰克的300美元外，“五美分商店”扩张都是用已产生的利润来进行，因此风险很低，奉行的原则是：不仓促开展，而是先打好牢固的基础。

这种种，似乎都与当时商界的规则背道而驰，但是直到今天，由伍尔沃思开创的销售准则——明码标价——今天仍然被全世界的商店所遵循。每当我们在餐厅门口看到菜谱价码表，在商店里照着价签格选择商品的时候，都不能不由衷地感谢这位给我们带来如此方便的商业巨子。

就是这两个字的法宝，有多少企业却始终无法模仿。

借用另一位世界公认的零售业航母——“阿尔迪”超市的创始人阿尔·布莱希特兄弟在总结成功秘诀时的一句话：“我们只想放一只羊！”

无数事实证明，那些想放一群羊的人，到

了
最后，往往连一只羊都剩不下，
而只放一只羊的人，他们的奇迹就在于——
复杂能够简单，而微小可以宏大。

我想告诉大家：复杂的魔术时代早就过去了，魔术是一门综合性的艺术，包括物理、化学、光学、心理学、舞台设计、工业设计和服装设计等等。

这些知识综合起来，用最简单的方式表现出来，才能完整地完成一个好魔术。

我相信魔术会从古老的街头艺术慢慢提升到更高的层次，这是今后的趋势。我的表演，能让很多人觉得魔术很现代很时尚，这是我非常开心的。

我们知道，很多成功的企业家并不绝顶聪明，相反，他们可能还曾是差生，“笨”人。

我自己觉得我就是个很笨的孩子，我至今一紧张就会出手汗，一个动作都要反复地练习，生活中更是丢三拉四，但我想，我和他们，都有最核心的一点——就是将简单的事情重复地做，而很多“聪明人”最容易在人生路上犯的错误就是：把简单问题复杂化。

所谓简单，就是找出正确的规律，然后沿着这个规律一心一意地走我们的人生路。

人都有一些潜在的素质的，我的个性很孤僻，但孤僻的背后也有表演的欲望。

如果我没有踏上这一行，也许永远不会发现这一点。

但从小我就发现了，只要一踏上舞台或者站在众人面前，我就想要表演，所以从小只要有话剧表演或者歌唱表演的机会，我都会争取上台。

基于这一点，促成了我踏上了表演这一行。

我的一切，就是这么简单。

3 王子在日光浴，乞丐也在晒太阳

大部分魔术师可能关注自己的手法或者道具，而我花很多时间思考说话的方法、角度和用词、眼神的引导、造型、服装、音乐，还有观众如何看东西的等。

而之前三年的经验告诉我，只有简单的，才是最容易快乐的。

因此，我很少拿出怪怪的道具，比如一条手帕或者一个箱子，我会尽量使用日常生活中常见的东西，这才是真正的

我和其他魔术师不同的地方在于，我花了很多时间在思考，思考魔术之外的东西。

魔术。

我并不试图超过七英尺高的栏杆，我到处找的是我能跨过的一英尺高的栏杆。

在那个众所周知的现代寓言里，穷人对富人说："你辛苦了一辈子，不就为了休闲晒晒太阳吗？你看我，一分钱没有，不是已经晒到了太阳？"好事者说，晒过太阳之后，穷人要为没东西吃而锁紧眉头，富人却是在为不知吃什么好而发愁。

可是，你有没有站在另一个角度去想——王子在日光浴的时候，乞丐也在晒太阳。这一刻，至少他们都享受着阳光的温暖，至少他们都拥有着简单的快乐。

——事物的本质往往是简单的，只是人们把它复杂化了而已。

把心降下一档，以简明而平易的角度去感受人生点点滴滴的美。点点滴滴的神奇。

如此，我们便能更好地透视生命的欢愉，更好地接受生活的馈赠。

DENTIFICATION
SONY
VAIO

Panorama of Magic

纸牌魔术

魔术师请一位观众抽一张牌，并在纸牌的任何部分撕下一角，将这一角保存好。然后魔术师把这张牌撕碎、烧成灰，并与火药拌和。

另一位观众拿着一根钉子，魔术师请他把火药和钉子装到枪膛里去。接着，他拿过枪，对着墙壁射去。从枪口射出的钉子将把撕碎的纸牌钉在墙上，只是缺了给观众撕掉的一角。

将那撕去的一角取来核对，完全吻合。

纸牌是魔术界的一个常用代表道具，纸牌魔术可大可小，就是看辅助道具的复杂难易了，因为这个魔术增加了现场观众的参与以及射击这样强大的外因，使得这个魔术成为很受人欢迎的参与游戏。

我一再强调，变魔术也可以说是一种强大的心理战术。也是自己和自己的一个心理抗战。在茫然无知的情况下参与到游戏中去，期待着尚未呈现的惊喜，那是一个非常刺激而令人心动的事情。而纸牌本身就是这样一个期待，我们平时在玩纸牌的时候，总会看着纸牌的背面暗想着正面会是什么？红桃？黑桃，是不是自己想要的那一张呢？这种惊喜是需要在知与不知之间享受的。试想，要是参与的观众一早就看穿了魔术，他们还能有参与的快乐吗？

不过这个世界上，每个人享受的过程都不一样，有的人似乎更喜欢探索，他们说这一奇妙节目的奥秘在于：当魔术师拿到被观众撕掉一只角的纸牌时，同时将另一张纸牌放在上面，也撕掉类似的一个角，他就用这张牌继续表演下去，而原牌由助手拿到后台去了。

枪是经过处理的，即魔术师可以偷偷地把钉子重新从枪里拿出来。

助手在台后将牌用钉子钉到一小块木板上，这块板用和舞台背景相同的糊墙纸贴上。墙上有一个孔，小木板从此孔后面椎过去，孔前挂着有线相连的一块墙纸。

当魔术师开枪射击时，助手将线一拉，这块墙纸便落到地上，于是小木板出现了，看来好像钉子及纸牌都是射上去的。

很无懈可击的一个解密，只是我不明白，真的知道了奥秘所在，就多了更美妙的享受吗？我想，不一定。

无论是纸牌魔术也好，还是其他魔术也好，有时候，不知比知更容易得到快乐。

有人费尽心思为你制造了一项快乐，你却非要去找寻这个快乐背后的制造工序，不好。享受快乐其实很简单，你只需要看到快乐，不需要看到快乐的成本，凡事总是去计算成本，就会把快乐变成负担。

Panorama of Magic

戳不破的气球

气球怎么会戳不破呢？

可魔术师在观众面前用一根金属针穿刺气球，气球确实不会炸掉。

表演者事先对气球已作如下处理：将充足气的气球稍为放掉一点气，然后在气球相对的两端分别贴上一条3厘米长的透明胶带。

表演者右手拿针，从上往下在贴胶带处插入气球，从另一端贴胶带处穿出，胶带能使“伤口”不再扩大，因此气球内的气体是十分缓慢地泄漏的。抽出金属针，轻轻弹一下气球，让它在空中飘浮一会，使观众看到它“安然无恙”。

当表演者再次把针插入气球时，只听得“啪”的一声，气球炸了，因为这次不是从胶带处插入的。这第二次穿刺是十分必要的，由于气球有了“伤口”，气体在慢慢跑出来，气球就越变越小，所以必须让它炸掉以“灭口”。

还可以用纸筒把长条型的气球裹起来，吹胀后，用毛衣针刺，也刺不破，因为气球在纸筒里也吹不满，试试看！

其实，世上并没有一成不变的定论，定论往往是从变论中压缩或者抽离出来的。

很多时候，失败不是因为我们做不到，而是因为从一开始我们自己就否定了自己，否定的标准来源于“常识”，可是所谓的“常识”也只是正常情况下常人的简单认识。

有太多事情是存在意外变数的，打败我们的，其实并非能力，而是被所谓的“常识”蒙蔽了勇于判定的决心。

Buyers Always Pick the Goods.

谦谦之道七：
只有自己真的相信，才能让**别人**相信你。只有自己**感动**了，才能感动**别人**。

第七章 嫌货才是买货人

我们首先要相信自己、**这样**才**会从**中找到感觉，感**觉**好了，才会有行动的欲望，行动多了，才**会**有经验，经验丰富了，才**会**出**业绩**，有了**业绩**就**会**更加相信，从而找到更好的**感觉**，更积极的行动……

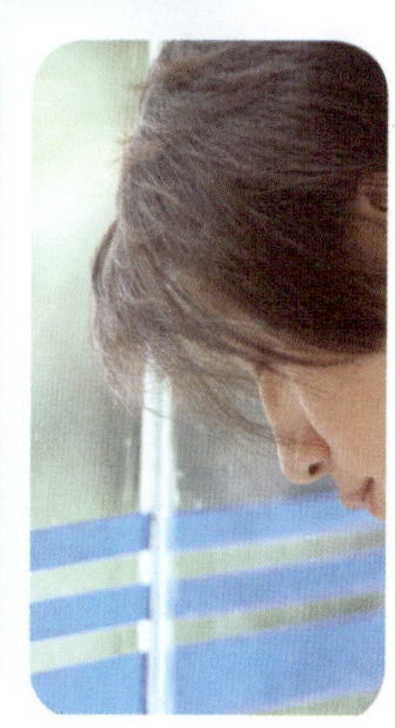

1 相信童话 相信爱

因为工作的关系，我常常有机会在世界各地跑来跑去。

由于我并不是一个喜欢看风景的人，所以每到一个地方，最大的休闲娱乐就是看看当地有没有什么表演可以看。无论是音乐剧、马戏团、舞蹈、演唱会、杂技或是魔术秀都在我观赏的范围。

在这当中，“太阳马戏团”(Cirque du Soleil)，算是相当值得推荐的极品。

这个在加拿大魁北克成立的马戏团，算是当今世界上最成功的表演团体之一。他们到底有多屌，大家可以自行上网查询，在这里不浪费篇幅。

总之，他们现在总共有13个不同的秀在世界各地上演着，我自己现场看过6个，其中有三个我在书里的“魔法签证”有介绍过，至于其他的，虽然没现场看过，但是都想尽办法搜集到了DVD。

大家可以在市面上找到其中大部分。

不过，我要强调，他们真正精彩的戏码，都没有出DVD，市面上有在卖的，虽然也很精彩，但都不是真正让你看了会飙泪的伟大作品。

这个月开始在上海巡回演出的，是他们的中期作品“Cirque”，大陆方面翻译成“神秘人”，但我记得原意好像是“陌生人”。

这出戏码是我4年前在日本大阪看的，印象很深，因为这是我第一个“现场”观赏的太阳马戏团作品。

内容是讲一个小家庭，客厅里有小女孩，有爸爸，有妈妈，在这平凡的日常生活中，有一天，家里来了一个访客，一个无头又撑伞的神秘人物，当这个人进门的一瞬间，小女孩的世界发生天翻地覆的变化，所有的东西都飞上了天，精灵小丑开始出现旋转，奇幻的马戏秀就此展开……

我一直觉得，要别人相信你并不难，难的是自己相信自己。

在我表演前，我一直对自己说：“相信自己！”

我说过，小时候有一个小书柜，里面全都塞满了各式各样的童话书。这些书，陪我走过了漫长的独生子儿童的自闭阶段。我常常一边翻这些书，一边跟自己想象中的“弟弟”亲密对话，有时候还会互相表演魔术给对方看，这种童年，寒冷而温暖。

34岁的我，仍然笑在小矮人的森林里。汗津津的手，带给13亿大陆人

一个神奇的夜晚，让亿万成年人在那个辞旧迎新的时刻，重新对世界瞪大了好奇的眼，仿佛回到童年。

然而。没想到一瞬的梦幻这么脆弱……

万人大猜谜……

曾经同台过的魔术师跳出来揭秘……

某卫视“新奇秀”钻出来……

华东六省魔术师集体挑战……

某卫视将重现刘谦见证奇迹的时刻……

慢镜头、定格、回放、放大音量，“董卿是托儿！”……

我闭关的时候，看了很多书，其中有一个故事是这样的：

有一位顶尖级的杂技高手，一次，他参加了一个极具挑战的演出，这次演出的主题是在两座山之间的悬崖上架一条钢丝，而他的表演节目是从钢丝的这边走到另一边。

演出就要开始了，整座山聚满了观众，当中有记者、有主办单位、赞助商和看热闹的人群。这时，只见杂技高手走到悬在山上钢丝的一头，然后用眼睛注视着前方的目标，并伸开双臂，第一步、二步、三步，慢慢的杂技高手终于顺利地走了过去，这时，整座山响起了热烈的掌声和欢呼声。

“我要再表演一次，这次我要绑住我的双手走到另一边，你们相信我可以做到吗？”杂技高手对所有的人说。我们知道走钢丝靠的是双手的平衡，而他竟然要把双手绑上。但是，因为大家都想知道结果，所以都说：“我们相信你的，你是最棒的！”杂技高手真的用绳子绑住了双手，然后用同样的方式一步、两步终于又走了过去，“太棒了，太不可思议了。”所有的人都报以热烈的掌声。但没想到的是杂技高手又对所有的人说：“我再表演一次，这次我同样绑住双手然后把眼睛蒙上，你们相信我可以走过去吗？”所有的人都说：“我们相信你！你是最棒的！你一定可以做到的！”

杂技高手从身上拿出一块黑布蒙住了眼睛用脚慢慢地摸索到钢丝，然后一步一步地往前走，所有的人都屏住呼吸为他捏一把汗。终于，他走过去了！掌声雷动！“你真棒！你是最棒的！你是世界第一！”所有的人都在呐喊着。

表演好像还没有结束，只见杂技高手从人群中找到一个孩子，然后对所有的人说：“这是我的儿子，我要把他放到我的肩膀上，我同样还是绑住双手蒙住眼睛走到钢丝的另一边，你们相信我吗？”所有的人都说：“我们相信你！你是最棒的！你一定可以走过去的！”

“真的相信我吗？”杂技高手问道；

“相信你！真的相信你！”所有的人都说；

“我再问一次，你们真的相信我吗？”

“相信！绝对相信你！你是最棒的！”所有的大声回答；

“那好，既然你们都相信我，那我把我的儿子放下来，换上你们的孩子，有愿意的吗？”杂技高手说。

这时，现场鸦雀无声，再也没有人敢说相信了。

在我们现实工作中，许多人都会说“我相信我自己，我是最棒的！”当我们在喊这些口号时，我们是否真的相信自己？我们会不会一出门后或遇到一点困难就忘掉刚才所喊的这句话呢？

只有自己真的相信，才能让别人相信你。

只有自己感动了，才能感动别人。

我们首先要相信自己、这样才会从中找到感觉，感觉好了，才会有行动的欲望，行动多了，才会有经验，经验丰富了，才会出业绩，有了业绩就会更加相信，从而找到更好的感觉，更积极的行动……

我相信，我的童话已经在这么多人的心中生根，发芽，开花。

这个世界是神奇的，我们相信并喜欢着。

嫌货才是买货人

我的乐趣是把乐趣给观众，给他们不一样的生活体验。

以前在台湾，有个老爷爷告诉我，他年轻的时候看到一个魔术，50年之后都还记得。

当时我就觉得自己责任真是重大，我的每一个节目都可能让观众记50年去讲给孙子听。

有一次，我到市场买水果，与我熟识的果贩遇到了一位难缠的客人。

“这水果这么烂，一斤也要卖50元吗？” 客人拿着一个水果左看右看。

客人说：“一斤40元，不然我不买。”

小贩还是微笑着说：“先生，我一斤卖你40元，对刚刚向我买的人怎么交代呢？”

“可是，你的水果这么烂。”

“不会的，如果是很完美的，可能一斤要卖100美元。”小贩依然微笑着。

不管客人的态度如何，小贩依然面带微笑，而且笑得像第一次那样亲切。

客人虽然嫌东嫌西，最后还是以一斤50元买了。

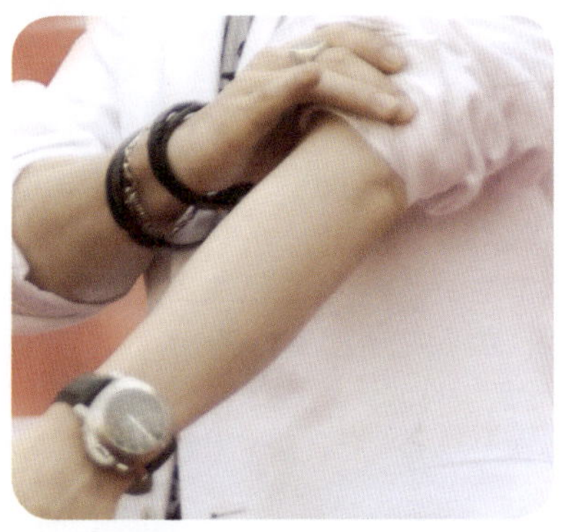

等到那位客人走了，小贩笑着对我说：“嫌货才是买货人呀。”

“嫌货才是买货人”是一句台湾俚语。

意思是说，只有那些会嫌货品不好的人才是内行的，如果我们对自己的货物有信心，就不怕人嫌，内行的人一定会知道的。

我看着小贩的脸，突然有点肃然起敬。小贩完全不在乎别人批评他的水果，并且一点也不生气，不只是修养好而已，也是对自己的水果大有信心的缘故。

我们真的比不上小贩，平常有人说我们两句，我们就已经气在心里口难开，更不用说微笑以对了。

别人对我们的批评，大致可以分为善意的提醒和恶意的攻击两种。首先要对自己有信心，其次不要急着反击，认真倾听人家说的到底有没有道理。

先来说一下关于我的一些不尽不实的传言。

我要做的，只是更多地用行动而不是用言辞作出反应。

我是个不愿意与“热闹”搭边的孤僻之人。

——是真的，我是独生子，喜欢的都是一个人进行的事情，拼模型啊、写程序啊、集邮啊……

其实研究魔术也是一个人进行，只有表演的时候才要上台，我也只有在台上才会是外向的状态。

我不接师傅电话。

——我根本讨厌电话铃声，听到电话响我就会抓狂。电话调到震动，有时候忘记接了，也是很正常的吧。

我手上涂了油……

——我说了，那是汗！

变近景魔术，全凭一双手演绎奇迹。

我的这双手是上了保险的，不过，我的手很容易出手汗哦。

有双“电眼”，

——这是粉丝想象的，没有恶意，但其实，是我眼睛散光啊，过敏还不能戴隐形眼镜，所以平时目光都是很涣散的，绝对不会有人说我是“电眼”。

被女粉丝拥抱手足无措……表情僵硬，双手更不知往哪摆，羞涩无措的模样，引来性倾向猜测……

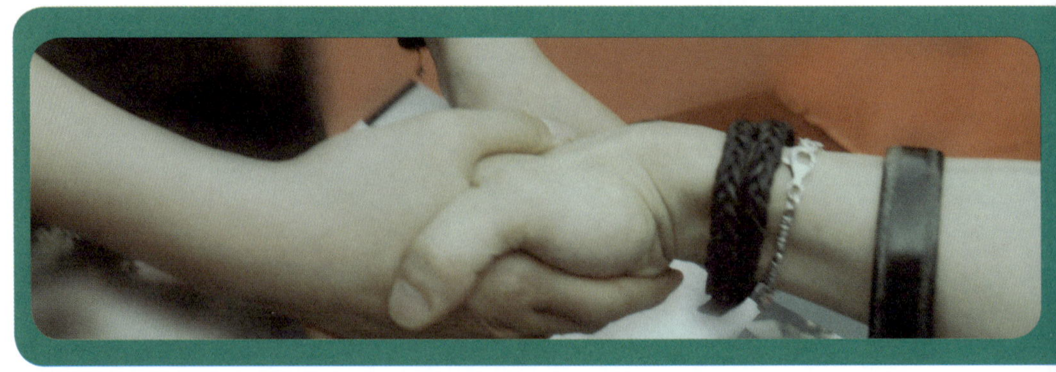

——似乎人红了，自然逃不过婚姻恋爱的绯闻，因为是突如其来的举动，让我吓了一跳，才会不知如何反应，这不代表我性倾向有问题。下了台之后，女粉丝热情上前拥抱，我立刻也亲切回抱。

3 语言的魔力

大部分的人，都以为魔术师的手法很快，所以观众的眼睛才会被蒙骗。

大部分的人，都以为魔术师的手法很快，所以观众的眼睛才会被蒙骗。

手再快，是绝对不可能快过对方的眼睛，所以最好的做法，当然就是运用语言、动作、眼神等辅助，来巧妙诱导观众的心理，一旦掌握了观众的思维，那么希望对方看见什么看不见什么，都可以轻而易举地控制自如。

专业的魔术师知道这其中所包含的心理引导力量有多么强大。

这个原理，不但被广泛地应用在许多经典的心灵魔术(预言术、读心术)上面，而且还被高度发展成为一种被称为“魔术师的选择(Magician`s Choice)”的诱导技术。

在这里不谈太深入的话题，我们来讨论浅显易懂的生活例子好了。

让我来举个例子……

假设你想“约心仪的他一起去看电影”(这个例子不赖吧？)。

硬着头皮开口约她？或是低声下气地委婉求她？嗯……不是不可以，但都不是好办法，除非对方早已对你也有意思，否则很容易造成反效果，到时候求爱被拒事小，男性尊严扫地事大，所以必须小心处理，不可不慎。

那到底该怎么样，才能够顺利地让她答应一起去看电影呢？

答案简单得很。

就是“让她自己想跟你一起去看电影”。

有这么神的事？当然！在这里，我们就要灵活运用刚才所提到的“视状况决定”原理，以及简单的魔术师说话技巧，就可以将对方的思考方向巧妙地引导至想要跟你一起看电影的心情。

我给大家说个小故事：

矩阵博士的女儿艾佳小姐是他和日本夫人的独生女，她真是位绝佳美人。怪不得 马丁先生对她动心了。不过，这位小姐生性羞怯，如果直截了当地请她吃饭，可能会遭到谢绝。对此，马丁先生绞尽了脑汁，苦思对策。

突然间，他心血来潮，想起了哈佛大学数学家吉尔比·贝克教给他的锦囊妙计，顿时心花怒放，喜上眉梢。

“亲爱的，我有两个问题要问你，你只能回答‘是’或‘不’，不要用其他语句。但在正式提问以前，我要同你预先讲好，你一定要听清楚以后再回答，而且两个问题的答案，都必须在逻辑上是完全合理的，不能自相矛盾。”马丁对艾娃说。

艾娃略微蹙了一下眉，感到非常有趣，于是，她爽朗地说：“好吧！那就请你发问吧！”

马丁先生说：“我的第一个问题就是——今天晚上你愿意与我一起吃晚饭吗？第二个问题就是——对于这个问题的答案，与第一个问题的回答是一样的吗？”

可怜的姑娘一下子陷入了困境。她对第一个问题的答案，不能再说“不”了，因为如果她说了“不”，那么对第二个问题来说，无论是回答“是”或“不”，在逻辑上都是

错误的，因此，她只好对这两个问题回答“是”。

这就是使用“语言的魔术”来控制对手意志与行动的最佳例子。

所以我们知道，在商业谈判或是推销的场合之中，也常常使用到这种对话技巧。

再给大家讲一个故事：

二次大战的时候，美国军方推出了一个保险，这个保险是什么内容呢？如果每个士兵每个月交10元钱，那么万一上战场牺牲了，他会得到1万美元。这个保险出来以后，军方认为大家肯定会踊跃购买。结果他们就把命令下到各连，要每个连的连长向大家宣布这种险种已经出现了，希望大家购买。

这时其中的一个连，按照上级的命令，把战士们召集到一起，向大家说明这了个情况，可是这个连没有一个人购买这种产品。连长就纳闷地说：“这可怎么办？怎么会是这个样子呢？

大家的心理其实也很简单，在战场上连命都将要没有了，过了今天都不知道明天在哪里了，我还买这个保险有什么用呀？10美元还不如买两瓶酒喝呢！所以大家都不愿意购买。

这时连里的一个老兵站起来说：“连长，让我来和大家解释一下这个保险的事情。我来帮助你销售一下。”

连长很不以为然：“我都说服不了。你来能有什么办法呀？既然你愿意说，那你就来试一试吧。”

这个老兵就站起来对大家说：“弟兄们，我和大家来沟通一下。我所理解的这个保险的含义，是这个样子的，战争开始了，大家都将会被派到前线上去，假如你投保了的话，如果到了前线你被打死了，你会怎么样？你会得到政府赔给你家属的1万美元；但如果你没有投这个保险，你上了战场被打死了，政府不会给你一分钱。也就说你就等于白死了，是不是？各位你们想一想，政府首先会派战死了需要赔偿1万美元的士兵上战场，还是先派战死了也白死的不用赔给一分钱的士兵上战场呀？”

老兵这一番话说完之后是什么结果？全连弟兄纷纷投保，大家都不愿成为那个被第一个派上战场的人。

当然，这个故事有点黑色幽默的成分在里面，不过，让我们

设身处地地想一想，如果你是一名士兵，处于战火纷飞的战场上，听了这老兵的这番话，你会购买吗？估计你也得乖乖地把钱掏出来吧。

“买卖不成话不到，话语一到卖三俏”，由此可见语言的重要性。

一个销售人员要想让产品介绍富有诱人的魅力，以激发顾客的兴趣，刺激其购买欲望，就要讲究语言的艺术。一个魔术师要想让自己的魔术富有诱惑力，更是要发挥语言的天赋。

从2007年《大魔竞》开始，我在讲评中就用了一些“梗”，目的在于在给选手意见的同时让节目更有可看性，因为评审讲评也是节目的一部分，几位风格不同的评审讲评有时是节目最有趣的一环。

在那里，可以大方地说笑话，大方地严厉，大方地“放水”，大方地凶人，大方地耍帅。

在那里，我有时会一放话筒说：“不想讲评，ERIC来讲！”有时会笑得气都喘不过来，有时会说“我也爱你”。其实都是想在给选手一些意见，同时让自己的表现也娱乐到观众，大家也都被我逗得很开心。

但是，两岸文化的差异使得我有些无所适从，从《大魔竞》节目和大陆合办的那一期《开心100大魔竞》就开始就有些迹象了，到《魔幻达人》更明显起来。

我独有的幽默和专业态度在这边不太管用。这种感觉到《金牌魔术团》就到达顶峰了，这个节目本身就有点混乱，定位不明，制作粗糙，又为了吸引“谦迷”作为收视保证而给了刘谦一个很不适合他的角色。更何况这个时候的我，因为成名已经被“盯上”了，任何一个小动作，任何一句话，都会引来巨大争议。

努力想迎合大众，又努力想表达自己的意见，又想在说话时制造一些“梗”来娱乐观众，左右为难。

语言是理解之途，又是误解之途；是一条隔开我和你们的河，又是一座引渡我们的桥；语言把我们结合起来，又把我们分隔开来。

能使人笑不容易，能使心笑更不容易。

心灵相通的一个困难是：当你已知道由于你的语言（包括形体语言）使人发生了误解，你的进一步解释只能加深误解。

上面说到了看电影，如果你被告知一生只能看七部电影，你会选哪七部电影来看呢?

来问我吧。

我人生当中最大的嗜好正是映画鉴赏啊。

在我多年研究分析采证归纳之后，

发现，

以下推荐的这几部电影，

如果你没有看过，你的人生只能用六个“I”来形容:

Kung Pow

Scent Of A Woman

Unbreakble

The Game

The Lives of Others)

The Godather)

Imperfect(残缺的)
Incomplete(不完整的)
Ill(病态的)
Inane(空虚的)
Insignificance(无意义的)
Impotent(弱的)
为了让你的生命完整，听好了：

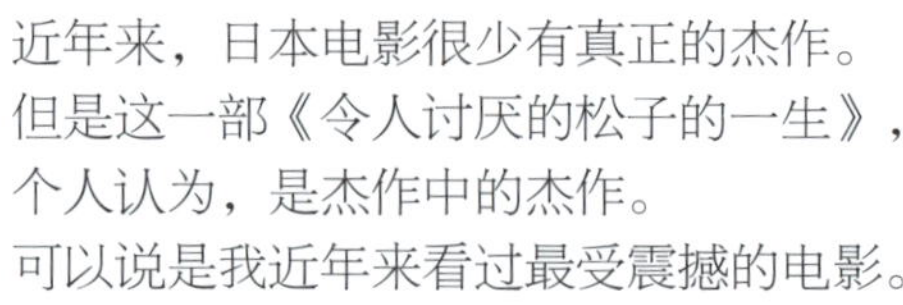

（一）令人讨厌的松子的一生

(Memories of Matsuko)

近年来，日本电影很少有真正的杰作。
但是这一部《令人讨厌的松子的一生》，
个人认为，是杰作中的杰作。
可以说是我近年来看过最受震撼的电影。

故事原著是一本小说，
描写一名叫做松子的女人悲惨到极点的一生遭遇，
仅仅阅读这本小说，你只会觉得松子真的衰到爆炸，然后很同情她而已。
并不是一个多了不起的故事情节。

但是这个故事改编成电影之后可完全不一样，
导演叫中岛哲也，是个狠角色。
他用非常华丽炫目的手法，
为这个悲惨到极点的故事注入震撼人心的新生命。
场景设计，剧情节奏，还有美术设计都是超一流的水平。
真正了不起。

女主角中谷美纪，也就是电车男的女主角，
听说演这部片演到精神崩溃。
很酷吧！

（二）虎鹤双形

(Kung Pow)

这是我这辈子看过最好笑的电影。
真的！
一个死洋鬼子，
把几十年前王羽主演的港片《虎鹤双形》拿来重新编辑。
将王羽的头换成自己的头。
对白全部重新配音。
成为另外一个故事，
真的屌到爆炸。

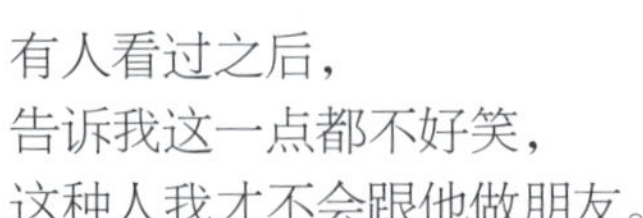

有人看过之后，
告诉我这一点都不好笑，
这种人我才不会跟他做朋友。

(三）致命游戏
(The Game)

我很喜欢麦克·道格拉斯(Michael Douglas),

但是我更喜欢本片导演戴维·芬奇(David Fincher)。

他所执导过的强片实在太多了：《斗阵俱乐部》《火线追缉令》《战栗空间》等

真的无一不酷，无一不屌。

其中我最呷意的，就是这部《致命游戏》。

虽然这是十年前的片子，但是仍然经典啊。

(四)女人香
(Scent Of A Woman)

我是不知道以女性的观点看来如何，

但是以我的观点来看，艾尔·帕西诺(Al Pacino)真是帅到翻过去。

尤其是在这部片中，他就算瞎了眼，断了腿，帅气居然有增无减。

而且还凭着此片，拿下了奥斯卡影帝的头衔。

这就是熟男的魅力啊！

我长大也要当艾尔·帕西诺！

这部片有一种特殊的魔力，

来自于帕西诺的个人气质还有导演刻意塑造的隽永质感，

再加上几个经典画面(舞池中跳舞，还有最后的公开质询……)

每次HBO回放这部片，

我一定会停下手边的事情，

一次又一次地复习这部片的每一分钟……

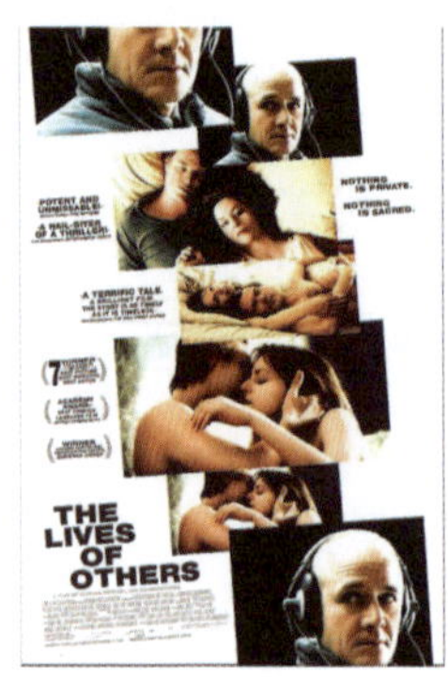

（五）窃听风暴

(The Lives of Others)

这是一部德国片。

得过欧洲电影奖最佳影片，金球奖最佳外语片，奥斯卡最佳外语片提名。

听起来是一部很沉闷的电影对吧？

好吧，我不骗你，真的有一点沉闷。

但是……

你非看不可！

我这一生最庆幸的事情之一就是看了这部电影。

超级强力推荐。

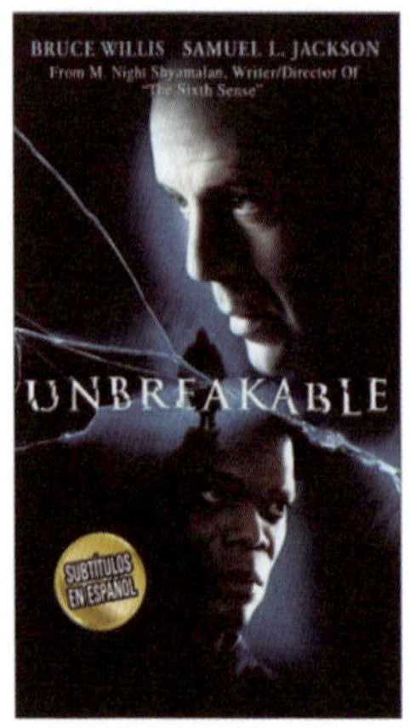

（六）惊心动魄

(Unbreakble)

这部片的导演叫做奈沙马兰(M. Night Shyamalan)。

是我最喜欢的电影导演之一。

他最擅长的电影风格是恐怖片。

而且还不是一般的恐怖片，是不应该恐怖，不知道哪里恐怖，和明明不恐怖却好恐怖的恐怖片。

如果你有看过《灵异象限》《水里的女人》《灵异第六感》《阴森林》

还有最近的《破天荒》

你就能够体会平淡之中突如其来的毛骨悚然是什么意思了。

奈沙马兰的电影常常没什么道理，没有前因后果，

只是表达某一个时期的某一个时间点发生的事情，

所以乍看之下剧情好像很烂。

不过那不是重点，

重点是这个导演可以将恐怖战栗的气氛处理到超级完美，

没有杀人魔乱砍人，没有妖怪转头三百六十度，没什么血浆，没有内脏。

但是恐怖就像一张网，密布在你的周围，也像一把刀，直接插进你的心里。

人类在面对恐怖时的无助绝望与惊慌失措，在奈沙马兰的手中发挥得淋漓尽致。

赞啦！

(七)教父
(The Godfather)

如果说刘谦的书，是男人必看的书。
那《教父》三部曲，就是男人必看的电影。
(当然也欢迎女性朋友来到我们的世界)

我个人认为，这是非常值得买来收藏的经典电影之一。

想想看：
马龙·白兰度
劳勃·狄尼洛
艾尔·帕西诺
安迪·贾西亚

近代最强的几位型男代表，
化身为西西里岛的柯里昂家族黑手党头目，
动不动就把血淋淋的马头放在人家床上，
或是把人家的耳朵血淋淋地咬下来。
一整个欢乐到让人热血沸腾啊！

最让人瞩目的，就是一路从年轻演到老的艾尔·帕西诺。
一开始的斯文可爱年轻幼嫩的家中小老幺，
从对家族企业的反感，到接棒成为教父继承人，
变成心狠手辣，权势熏天。
到最后心灰意懒，晚年退休。
角色内心的曲折转变，也只有奥斯卡影帝帕西诺，
才能精确地赋予灵魂啊。

低调、质感、阴沉、帅气、荣耀、
家族、历史、
暴力、亲情、友情、爱情、金钱、
权力，血淋淋。
身为男子汉的你，还在等什么。

THE MOMENT OF MAGIC

第八章 见证奇迹的时刻

如果做事和一般人一样，
就会变成一般人。

谦谦之道八

我想会把魔术当成终身事业。

但我希望走出自己的一条路，尽量不做其他人在做的事，

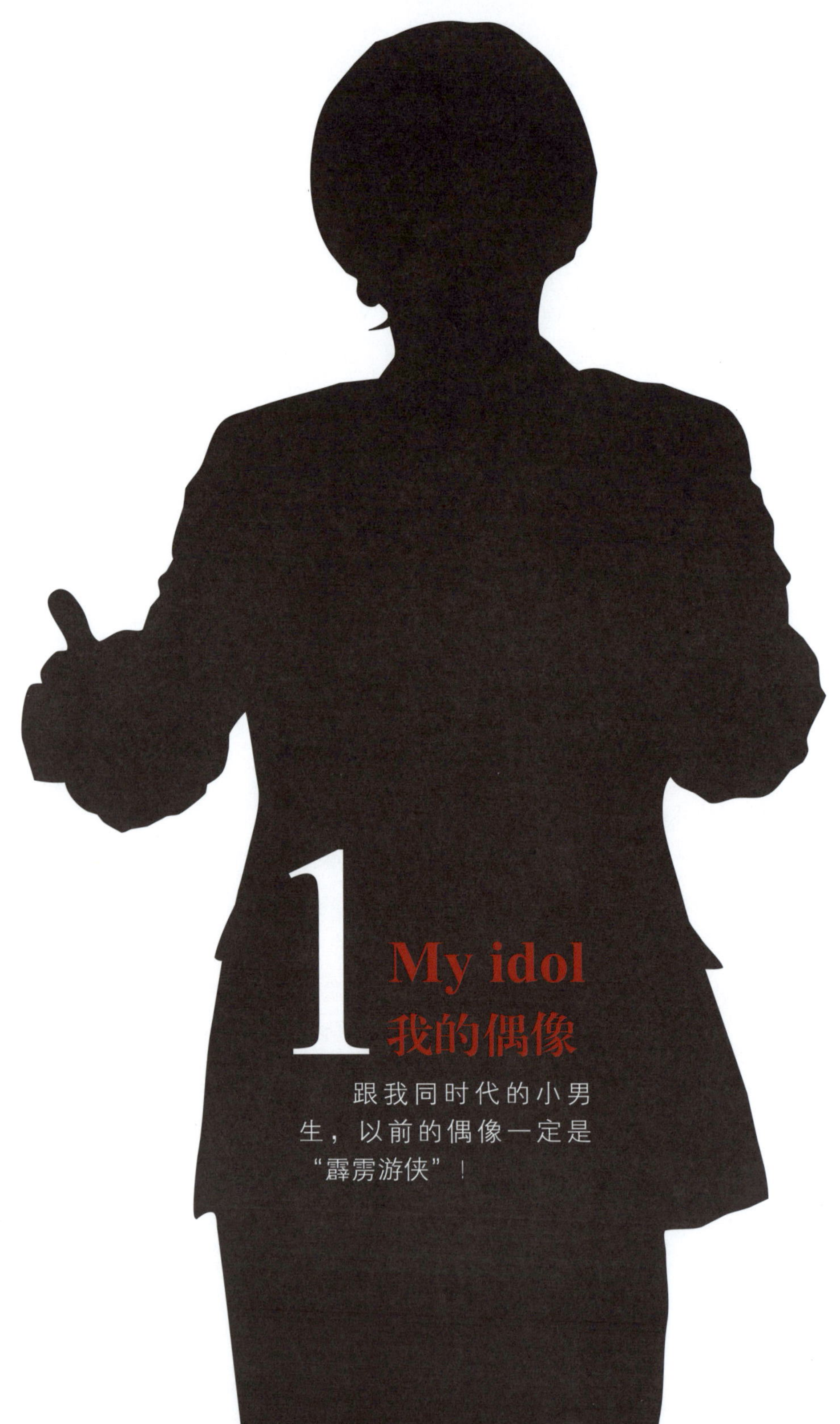

1 My idol 我的偶像

跟我同时代的小男生，以前的偶像一定是“霹雳游侠”！

跟我同时代的小男生，以前的偶像一定是“霹雳游侠”！

没错，“霹雳游侠李麦克，充满正义感，是一个英勇的自由斗士。他以无比的勇气，超人的智慧，打击犯罪，拯救善良无助的受害者。”这是当时每一位小学生都能不假思索，随口背出的开场白。

影片中的主角，英文原名叫Michael Knight，人家是洋人，本来叫他麦克·奈特也没什么不可以，但是台湾人硬要给他起一个乡土名李麦克，顿时帅气程度大减，本人如果知道，一定哭死。而无所不能，刀枪不入的霹雳车，本来很犀利地叫Kitt，结果在台湾被赐名“伙计”，同样的也弱了不少。

不过名字虽然取得蠢，影集还是很酷的。李麦克每个星期都会碰上各种不同风格的坏蛋，做一些不同风格的坏事。然后李麦克就会直捣坏蛋的巢穴，但是却被敌人抓住而陷入危机，此时他只要对着自己的手表呼唤：“伙计，我遇上麻烦了！”霹雳车就会说：“老哥，别急，我这不就来了吗！”然后及时赶到现场，接着人车合一，威力大增，把坏蛋们全部都送去领便当。正是邪不胜正，大快人心。

这部影集给我的影响是，一直到高中，我还痴傻地认为庞蒂克火鸟跑车是世界第一酷车，我长大也要买一辆……

跟我同时代的魔术师，以前的偶像一定是兰斯·伯顿(Lance Burton)！

没错，“魔术界的超级偶像”“魔术界的詹姆士狄恩”“有史以来最帅的魔术师”“第一位美国的世界冠军”“史上最年轻的世界冠军”“魔术大师”“魔术界的超级美男子”，这些是当时每一位年轻魔术师都能不假思索，随口背出兰斯·伯顿各种外号。

这位超级偶像，英文原名叫Lance Burton，人家是洋人，本来叫他兰斯·巴顿也没什么不可以，但是有些人硬要给他起一个简称——兰巴，顿时帅气程度大减，本人如果知道，一定哭死。所以，自从我发现了这一点之后，都用英文原音称呼他，他是我心中的偶像，谁都不可以帮他取外号。

不过外号虽然取得蠢，他还是很酷的。在当时，他的表演录像带是全世界魔术青少年的收藏目标。他的一颦一笑，走路的姿势，抽烟的样子，邪恶的眼神，猫王的发型，全部是大家模仿的题材。数不尽的年轻魔术师，因为看了他的表演，为了要跟他一样帅，于是开始接触鸽子魔术(我就是其中之一)。他的帅气与魅力，当真所向披靡，即使是男生，看了他在台上的风采，也只能全身无力，心头发酥。虽然近年来，随着年纪的增长，他已经变成了一位略带傻气的中年大叔，在拉斯维加斯的蒙地卡罗专属剧院里，每天傻笑同时软趴趴地在表演着大型魔术。但是在我的心中，他永远是那个狂帅的超级偶像啊！

兰斯·伯顿给我的影响是，我高中时为了要跟他一样地帅气，疯狂苦练的结果，造成了许多只鸽子的过劳死(而且是朋友的鸽子)……

在1986年某月，《霹雳游侠》的编剧不知道哪跟筋不对，决定其中一集的坏蛋是一位帅气而又但有神秘气质的魔术师，而当时的不二人选，当然就是帅到无力魔术又强的兰斯·伯顿啦！

这一集对当时我幼小的心灵来说，真是强大的冲击啊！虽然我每一集都很喜欢看到李麦克狂扁坏蛋，但是我一点都不想看到兰斯·伯顿被送去领便当……不过李麦克被杀掉好像也不怎么对劲(毕竟以后就没的看了)，两个都是我的偶像，手心手背都是肉，真不知该怎么办。

这一集的剧情是这样的，兰斯所饰演的魔术师，帅气又神秘，李麦克的女性朋友被他迷得神魂颠倒，男性朋友则是对他神乎其技的魔术佩服不已。李麦克不太喜欢他，觉得他怪怪的，却被友人嘲笑是因为嫉妒，令他更为不爽。

其实，兰斯的真实身份是一名职业杀手，他会在魔术秀的途中，偷偷离开舞台，把目标干掉之后，再溜回台上继续表演。而现场的观众都以为他从头到尾都在台上，没有离开过。这是利用巧妙的错误引导所营造出的不在场证明。

于是，他利用魔术师的身份作为掩护，不但杀了几个人，还将李麦克的朋友锁入逃脱表演的水槽之中，企图将对方淹死。更厉害的，他还可以用魔术去影响霹雳车的计算机系统，让李麦克追踪不到他。

不过，故事到最后，李麦克看破了他的把戏，展开了一对一的肉搏战，兰斯空手变出了一支在道具店卖一百多块美金的弹棒，跟李麦克打来打去，显然招架不住的李麦克不知道为什么突然鬼上身，大显神威将兰斯制伏，铐上手铐，一代大师终究还是被正义的力量送去领便当……

本来，以上剧情只是在我脑海中保留20年的回忆。不过前一阵子，从美国友人那儿弄来了这一集的DVD，影像清晰得令人感觉仿佛时光倒流，当年的两位偶像如今再度互殴给我看，真的感动到痛哭流涕啊！

IDENTIFICATION

2 请不要美化我

讲这么多，其实是想写点关于艺人明星和粉丝的关系。

我一直相信每个人心里都有偶像的，以上说的就是我童年时候的偶像，或者长大后回过头来看看，觉得当时那种痴迷是蛮可笑的，但经过岁月老人手中一把极苛刻的淘金筛子一筛，那些冲动，那些梦幻的细节，却像金子般静悄悄地沉淀在潜意识深处，融进了血液中，死死地钻进了童稚的梦、少年的梦、青春的梦或白日的梦幻中，勾起你细细咀嚼、回味和追忆。

我拥有很多喜欢我的粉丝，他们自称“谦丝”，这是令我很感动的，有网友做了我的MV贴出来，有粉丝在网络上为我争吵，我都有去看，只是实在忙不回来，没办法一一回复。

最让我感动的是，有一次在北京，表演完毕已经是深夜了，工作人员说：“有个女孩在门口等着要见你。”

当时我看看时间实在是太晚了，而且我也很累，犹豫了一下，工作人员又说：“她一直跪着……连我都被她感动了呢。”

这么晚了，又是一个女孩子，而且还一直跪着，那我无论如何也要去见一见了。

我走到门口，果然看到一个女孩子，长头发，面目清秀，直直地跪着，像一棵树。

我上去轻轻地俯下身子，跟她说：“快起来啰！”

她不可置信地看着我，眼睛里都是泪水，还是不起来，我只好伸手去扶她，我这一扶，她忽然“哇”的一声哭了出来。

“怎么了，别哭啊！”我有点慌乱了。

“刘谦，你真的是刘谦吗？”她哭着问。

“对啊，是我。”

“你知道吗？”她边哭边说：“我很早就关注你了，你去日本的时候我跟去日本，你来内地的时候我跟来内地，你回台湾我也跟着回台湾……总之，你在哪里表演，我就跟到哪里，一直在台下默默地看着你！”

接着她报出了一串名字，都是我在世界各地表演的节目，包括那天我穿的什么衣服，表演时说过的几句俏皮话，她都一一记得。

“是你让我们相信奇迹，相信这世界上还有美好！”

哦，这位可爱的女孩，她实在感动了我，也“美化”了我，我自认为只是一个平凡人，我心中一阵激荡——

我拉住那女孩的手，在她耳边说了一句真心的悄悄话：

“我到北京的第一个印象，北方的女孩很美丽！谢谢你！”

每次，对这样的粉丝，我心中就好生歉然，为他们的真诚，也为他们的热情。

但是因此，我的生活中也出现了很多哭笑不得的小插曲。

一次我正在吃饭，手机响了。（我一般都把手机调到震动），那天我才犹豫着按下通话键，就传来一个声音：“你在干吗呢？”

口气像是我熟悉的朋友，我一怔，来不及细想，就回答说：“我正吃饭

呢？”

“吃什么呢？”

“……”

就这样扯了几句，我越来越觉得不对，于是问：“你到底是谁呀？”

“你不知道我是谁，还跟我聊了这么半天？哈哈哈哈！”对方大笑一阵，我把电话挂了，没多久，电话又响，我接，还是那个人，我挂断，他再打，还是问：“你忙什么呢？”……

就这样，这个无聊分子在一天内，打了上百个电话给我，弄得要紧的电话打不进来，我的电话也打不出去，后来不得不去查清楚，换了手机号码才罢。

还有一次，是我去开家里的信箱。

才开了信箱，发现有一个很大的“包裹”，当时吓了一跳，包裹上没写人名字，应该不是邮局寄来的，那会是什么？

“不会是什么危险品吧？”我的悲观主义又发作了。

我喊了朋友，朋友拿了包裹，拍了拍，晃了晃，然后拆开，大跌眼镜，里面居然是一个保鲜盒！盒子里满满的都是鸡汤！

“呵呵，我可没见过用鸡汤做危险品的！”朋友大笑。

我哭笑不得，完全不知道怎么办好，我想一定是哪个热心的粉丝，不辞辛苦地打听到我家地址，悄悄送来的。

我应该感谢这位无名的粉丝。

可是……

换了你是我，你敢喝这鸡汤吗？

早期人们将希望寄予死东西上，并称人的手工、金银和艺术的创作、动物的肖像、或古人雕刻的无用的石为神。后来由那些剩下一无所用的废木中，取出一块弯曲多疤的木头，在闲暇无事时，辛勤地加以雕刻，本着自己熟悉的手艺，按图样将它刻成一个人像，或做成一个卑贱的兽像，涂上丹砂，将外皮漆成红色，遮住一切疤痕。

随后，为它做一个适宜的居所，把它嵌在墙上，用钉子钉住，预先加以照顾，免得它掉下来，因为他知道：这件东西是不能自助的，不过只是偶像，需要人来扶助。

但是，他反不感羞耻地向这无灵之物祷告，祈赐财富、妻室和子嗣；向这虚弱的东西，要求健康；向这死物，要求生命；向这无能的东西，要求援助；向这有脚不能行的东西，要求旅行；向这有手而毫无动作的东西，要求发财、

工作、事业成功的力量。

偶像彻头彻尾是虚假的，它是把木头变成神，人用方法把它是木头这个事实遮掩住了。

他们砍下树来，经过制作的程序，把它涂成原来所不是的东西。

然后他们用金银把它遮住，用蓝色、紫色的衣服把它披上，最后让人忘记，它其实是木头，

现在，人们所敬拜的偶像，号称是神，实际上却只是木头一块。所以，偶像是虚假。

另一方面，活神却是千真万确的。否认他自己，就等于一切都不存在。他不能背乎他自己。

它们是虚假的东西，他却是真实的灵。

明星是大众娱乐的产物，所以他们是大众的情人，也是流行时尚的方向标！

而粉丝却是明星的，很多人迷恋明星并不仅仅是崇拜仰慕，在很多追星一族人的眼里明星就是假想中的爱人，是自己家的宠物，也是自己学习的榜样。

其实明星也是人。

明星也会有自己的偶像，也会有那段时光。

世界需要财富，世界需要感动，而这两种力量，都将深深地影响很多人的生命轨迹。无论是价值观的取舍，或是生活中矛盾的出现，人们都将面临着金钱与感动的碰撞。

偶像对粉丝来说，更多的是一个精神的支点，一个在纷繁的尘世透视自己内心的“望远镜”，通过他，我们仿佛看到了灿烂的星空和星空的灿烂，而那里总是闪烁着人性的光芒。

我希望大家可以相信奇迹，相信惊喜，有期待，有希望和爱。

但我也希望，在明星们努力做好艺人的同时，粉丝也要好好的，理智地做好自己。

这样才是彼此的尊重。

我有一个同事，他曾经很不屑地说我变的魔术是假的，肯定会被揭穿，只不过他现在看不出来而已。

后来我狠狠地回敬他说，魔术本来就不是真的，骗的不过是你的眼睛而已。

这个人令我一直很讨厌，如果他不了解魔术不要紧，重要的是他看轻魔术。魔术又不是魔法，会魔法的是哈利·波特，不用飞机也能骑着个扫帚漫天飞。

而刘谦只不过是个魔术师而已，
没有魔法，有的只是一双不平凡的巧手，
和一个玲珑的心思而已。

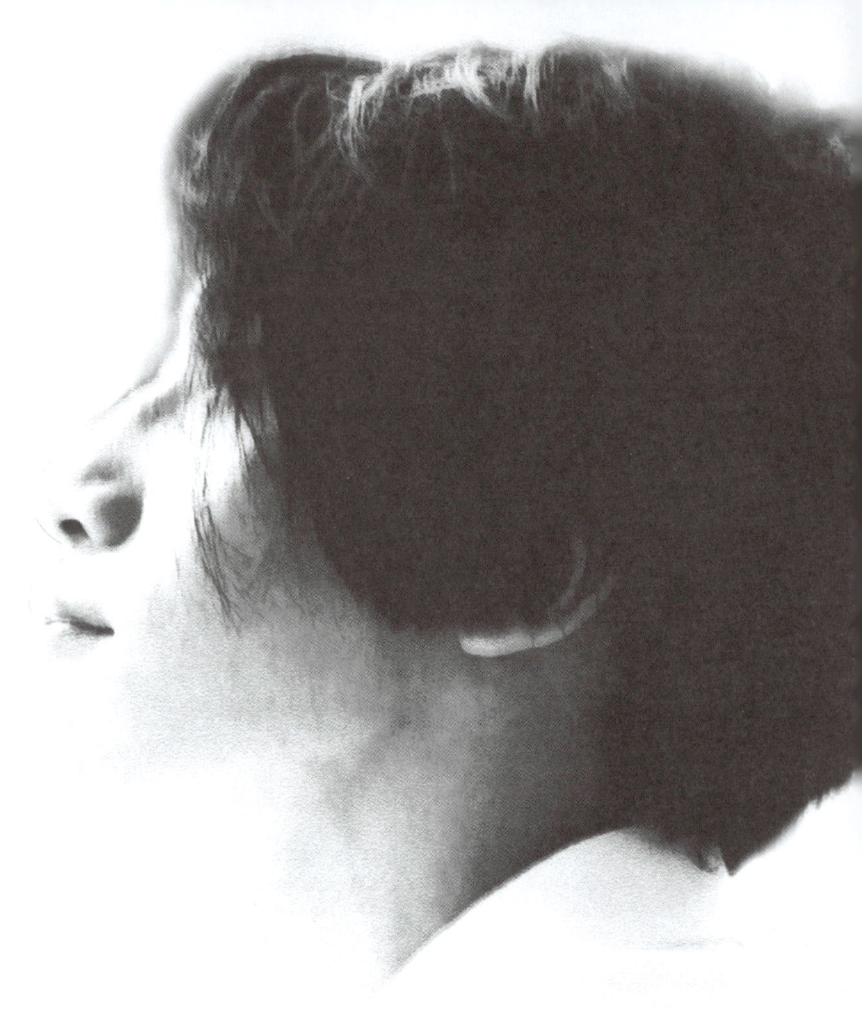

3 关于我的秘密

SECRET

最后，我搜集了一些粉丝们常见的问题。

在这里一一给大家解答。

1、造型

由日本专业团队设计

任何表演者都要注重外形。我的造型部分是由日本造型团队设计。发型、T恤都是他们设计。

我喜欢有拉风的跑车，喜欢名牌衣服，身为艺术工作者都会喜欢漂亮或精致的东西。

我5岁时，爸爸带我去玩具店，让我挑个玩具，我随便闭眼都会挑到最贵的。

2、电眼

这个前面有说过，这里再详细说一次：记住了，其实是高度散光。并非自己刻意练出来的：

其实我眼睛不好。散光非常深，有400～500度。眼睛敏感到隐形眼镜没法戴，所以看不清楚，只能睁大眼睛去看。别人可能说是电眼，但其实是努力想看清楚。

我对眼神的研究可能更多是如何配合动作，用眼神去引导人。

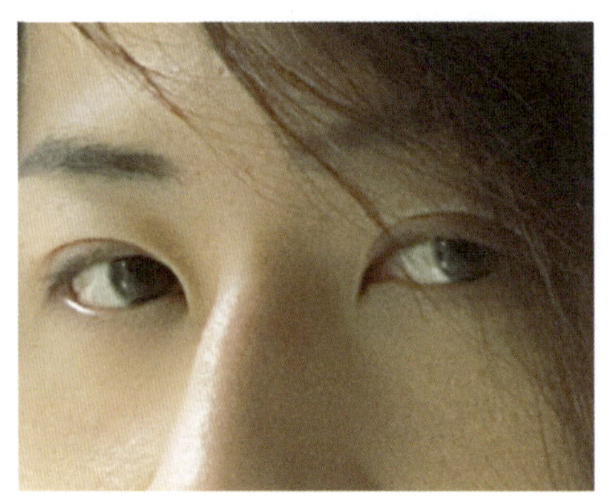

3、双手

已经给双手上了保险。数目还是不说了。

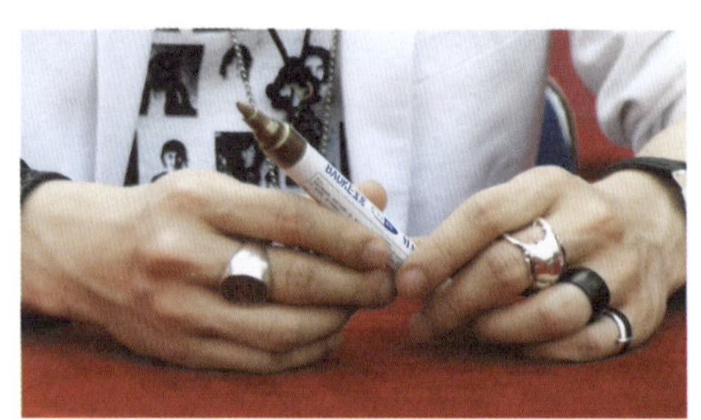

我在室内也会佩戴皮手套，原因是：避免刮伤、擦伤、干燥。

而保养手，我有一套自己的独门配方，我会用自己的方式按摩和浸泡双手，每天都会半个小时，跟敷面膜一样。可以媲美大S了，改天我没准还能出本关于保养手的书。

4、口才

口才并不好，平时都不怎么讲话。

特别痛恨电话的声音和讲电话，电话铃声都调到静音。

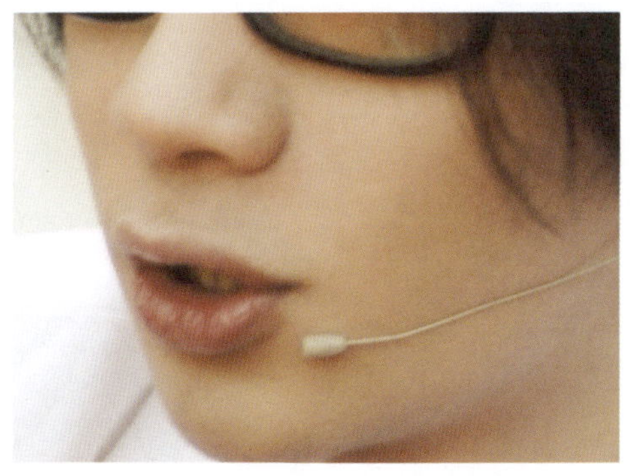

说起口才，我宁愿说是魔术师对心理学的研究。

我很重视说话方式、速度和用词。

因为魔术师的语言很有实用意义："魔术的好处是，容易说动人。"

魔术师的说话方式可以让行销人员或想追女孩的男孩学习。它是一种诱导方式，用手和眼的配合转移注意力，把注意力引到错误的方向上。

5、闭关

魔术师很耗脑力，我说的闭关就是睡觉做梦。

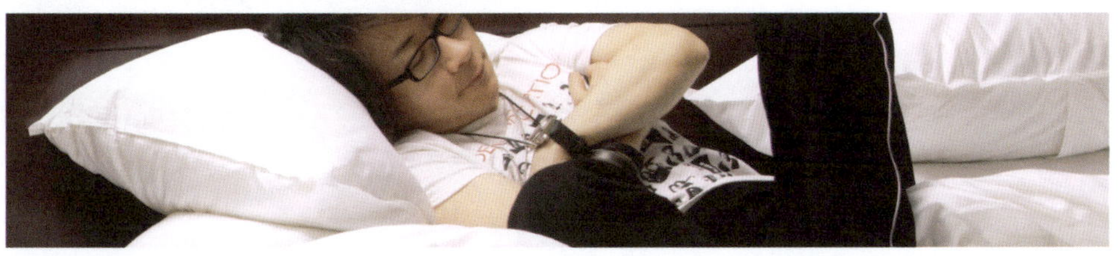

大部分创意都是做梦的时候梦到的。更好的创意需要充分休息。魔术师是非常耗脑力的事情。

6、POSE

有对镜子练习，健身保持灵敏度。

我也会对镜子练习，任何一个站在舞台上的人都会研究他什么角度最好看，找到一个最适合自己的角度。

标志性pose，其实是发自内心的一个随手动作。而对表演，我认为好的魔术师会的东西不能只是魔术。就像一个好的歌手不能只是会唱歌。表演等其他的素养都要具备。我平时也会健身保持灵敏度。

7、文笔

从小喜欢写东西，以前会对粉丝在博客上的留言逐条回复。但两年前我就因为太忙，不能回复博客留言了，但几乎我都会看。

说起文笔，我很喜欢阅读，喜欢读书和发呆，从小喜欢写东西，小的时候还参加作文比赛。

8、最喜欢的魔术

最满意的魔术有两个，一个是自己在世界各地参加比赛得奖的那一个。另一个属于心灵感应类魔术的，比如预知未来什么的，近年来在研究这个。因为感性所以喜欢。比如接一个飞盘，接到的人在心里想自己爱的那个人，写在纸上，压在胸口让魔术师去猜。

至今记得的是就是七岁那年在家里玩皮筋游戏。那年自己第一次发现自己有魔术师的天分。

9、你认为自己和其他魔术师最大不同在哪里？

我会花很多时间思考魔术以外的东西。

太部分魔术师会钻研他的手法或者道具，我还花时间在表现方式、说话方式和眼神上。

会思考观众的角度如何看魔术。这是我和其他人最大的不同。

还有，你很少看到我拿出道具，我会尽量用日常生活中每天会看到的东西，比如玻璃杯、鸡蛋、戒指，我一直认为真的魔术不太会有道具出现。这也是我的不同。

10 、你会把魔术作为自己的终身事业吗?

我想会把魔术当成终身事业。

有人问我下面会否把大型东西变不见，比如大厦，也有人做过这种表演，比如大卫·科波菲尔，这是他们的风格。我未来不排斥有机会做这样的事。

但我希望走出自己的一条路，尽量不做其他人在做的事，如果做事和一般人一样，就会变成一般人。

所以我尽量不一样。比如我的造型，讲话方式，我的道具，都和别人不一样。

11、你教周杰伦变魔术，还教其他明星吗?

周杰伦我跟他合作过几次，他是一个相当有天分的魔术爱好者。

明星不管表现什么都自然而然散发一种魅力和吸引人眼球的魔力。之前网上有人冒用我的名字，说周杰伦那些都是小把戏。但对我而言所有魔术都没有小把戏，都有它的精神和智慧。

我在春晚变橡皮筋那些都是基础魔术，但不是小把戏，这些基础魔术代表古典传承，很多魔术爱好者接触过，它有智慧在里面。

其他明星我有教过刘德华和汪涵。

12、关于未来

传言说我要开魔术学校。

我哪有时间呢?

目前为止，我真的并没想过收学生，只是希望做好自己。

有一天当我出现在舞台上，对你们说：“注意，接下来就是见证奇迹的时刻！”

希望你们报以真心的掌声，这就够了!

TIFICA

TIPS

魔术师戒条

是在萨士顿三原则基础上的加深，内容如下：

（一）要尊重同道.

（二）要认真练习.

（三）
未练习熟练前
不作表演.

（五）
不公开
魔术的秘密.

（七）
不在同一观众前
表演同一套魔术.

（四）
不无代价
教授魔术.

（六）
不在表演前
说出魔术效果.

（八）
要以正途
发展魔术

说明：

（四）不无代价教授魔术

是否要和其他人交流才可以教授还是要其他人把给钱我才可教授？和魔术师之间的交流当然并不在此限。

之所以有这个规条，是因为以前没什么魔术爱好者，有的只是专业的魔术师，魔术是他们赖以维生的技艺。要把这种技艺传授给另一个人，当然不可以完全没有代价。在大部分情况下，他只在有金钱收入或其他部分得益的时候才表演魔术。另外，在普通观众的眼中，魔术就是 “秘密”。如果秘密揭穿了，魔术就好像再没有意义了。他们并不会想及背后要付出的时间和心血， 也不会想及除了秘密之外的东西。

这里还涉及的一个问题就是，专业魔术师不想令普通大众觉得魔术是一种免费的娱乐，而他们的表演是应该有相应的收入作为回报的。魔术也不是一种随手可得的玩意，它是有价值的东西，要知道它的秘密，一定要付出代价。如果学魔术不用付出代价，那么魔术就不再有价值。

（五）不公开魔术的秘密

我试过朋友问我是怎样变的，我说魔术是不能教，但他说魔术不能教但为何你可以学懂，怎可能不教他？这令我哑口无言，我该怎样回答才好呢？

魔术是一种很迷人的艺术，每个人看完之后，都有好奇心，想知道秘密。 但十个人当中只可能有一个（或更少）在知道了秘密后，愿意花时间去练习，然后再表演出来。魔术并不是不可以教授，但是应该教授予那个肯花时间和努力的人。你可以告诉你的朋友，图书馆里有教授魔术的书，如果他有兴趣的话，可以去借，如果他真的有兴趣，愿意花时间学习，最基本的付出总是应该的。

IDETIFICATION

说明：

（六）不在表演前说出魔术效果

不知道大家有没有注意到，除了一些魔术手法有很抽象的名字外，一般的魔术节目很少有名字。因为魔术师不能在表演前说出节目的表演效果。因为那样会使下面的节目失去神秘感。失去了神秘感，魔术就丢失了一半。

（七）不要在同一观众前表演同一套魔术

如果隔了一段时间，可否再表演同一魔术呢?

如果有三个观众，只有其中一个看过，那么我应该不应该表演?

这条的原意是说，观众也是很聪明的，如果我们把同一个效果在他们面前表演几次，他们就会有充足的时间去想， 从而猜到这个魔术的表演方法。

这条的目的是令观众没有时间去想。如果某位观众以前曾看过这个魔术，你依然可以表演，但不应该连续地在他面前表演这个魔术数次。

有时，我们会使用同一个技巧，表演同样的效果好几次， 但这并不一定是错的。 前面的几次相同效果的出现，可能会令某些观众心里有一个结论或猜测，当他们觉得自己是对的的时候，第二重的效果完全否定了他们的想法。

（八）要以正途发展魔术

魔术是一门有着一千多年历史的艺术。它的发源地也是中国。但是社会上有不少人认为魔术是骗人的把戏。我认为，人们之所以有这样的认识是因为有不少人在利用魔术骗钱骗物！告诉别人这是特异功能。更有一些人，学习魔术的目的是为了去赌博，出老千。这些都是不正当的。这也就超出了魔术的范围。所谓正途发展魔术，就是利用魔术带给观众欢乐，给表演者信心，让你成为众人的焦点。

刘谦

教你用魔术掌握成功的秘诀

图书在版编目（CIP）数据

见证奇迹的人生/刘谦著.—上海：上海锦绣文章出版社，2009.7

ISBN 978-7-5452-0289-2

I.见… Ⅱ.刘… Ⅲ.刘谦-自传 Ⅳ.k825.78

中国版本图书馆CIP数据核字（2009）第094343号

责任编辑：陆云蔚

整体设计：点阵视觉设计

书　　名：见证奇迹的人生

著　　者：刘谦

出版发行：上海锦绣文章出版社

地　　址：上海市长乐路672弄33号（邮编200040）

经　　销：全国新华书店

印　　刷：小森印刷（北京）有限公司

开　　本：710mm×1000mm　1/16

印　　张：13.5

版　　次：2009年6月第1版

印　　次：2009年6月第1次印刷

书　　号：ISBN 978-7-5452-0289-2 / J.199

定　　价：39.80元